ユネスコ番外地
台湾世界遺産級案内

# 臺灣的世界遺產潛力點

平野久美子——編著

楊玉鳳——譯

# 目次

第3章

# 一窺臺灣的精神世界

## 中文版序

# Taiwan Can Share

大家好，我是辛正仁，是二〇一三年在日本以聲援臺灣潛力點登錄世界遺產為目的而創立的「一般社團法人臺灣世界遺產登錄應援會」的首屆理事長。

在本書一開頭，我要向所有臺灣讀者由衷地表示感謝，同時也將冒昧與各位分享本書在臺灣出版的緣起。

這本書是由十位日本作家與專家針對臺灣世界遺產潛力點所寫成的。就我所知，除了臺灣文化部文化資產局製作的小冊子以外，這是全世界唯一一本針對臺灣世界遺產潛力點所撰寫的專書。

本書寫作的構想源於二〇一二年，以我和日本知名的紀實作家平野久美子小姐的會面為契機，當時平野小姐告訴我：「就和其他國際組織一樣，臺灣也被聯合國教科文組織排除在外，儘管有許多世界級文化遺產和自然遺產，卻連申請登錄的機會都沒有。所以我想把這樣的情況寫成書，讓更多日本人知道。」我除了大表贊同，還提議：「不光是出書，我們也來推動這項活動吧！」於是「臺灣世界遺產登錄應援會」便因此而誕生。

二〇一三年，我們成立了社團法人，以東京為中心，到日本各地舉行演講與攝影展。透過這些活動，所有第一次聽聞「臺灣沒有半個世界遺產」的日本人都很吃驚，也都對臺灣的世界遺產潛力點、臺灣的歷史及國際地位表示關心，而且許多日本人都想試著報答臺灣在三一一時對日本伸出的援手，因而參加了這項推廣活動。

二〇一六年年初，朱文清先生（他是二〇一五年於東京虎之門開設的「臺灣文化中心」第一屆主任，現任財團法人文化臺灣基金會董事）請託我介紹熟悉世界遺產相關事項的人給他，我於是引薦了某位熟知世界遺產制度具體情形的日本前官員和朱先生見了面。我們一面用餐，一面歡快暢談，餐敘結束時，朱先生不經意地向對方提到：「或許這件事說起來還很遙遠，但關於臺灣潛力點登錄世界遺產一事，希望日後能在各方面請教您。」而那位前官員則回答道：「對於不可能實現的事，我並沒有出手幫忙的打算。」

在回程的路上，朱先生低語著：「臺灣真悲哀，總是指望著鄰國。這本是我們自己應該做的事。」看著他泫然欲泣的側臉，我也忍不住掉下眼淚，當時的情景至今記憶猶新。現在回想起來，那名前官員是位責任感非常強、重視結果勝於一切的人，因此他應該是想表達自己「無法輕易擔保」，但這件事卻對將在幾個月後舉辦大型活動的我帶來了沉重的打擊。

二〇一六年的五月二十一日至六月三日，在「臺灣文化中心」舉辦了「臺灣世界遺產潛力點故事展」（台湾世界遺産候補地物語展）。曾於二〇〇二年參與評選臺灣世界遺產潛力點的日本與臺灣專家出席了第一天備受注目的座談會，我則負責擔任主持人。與會人士從各個面向討論臺灣世界遺產潛力點的可能性，最後我提出了以下的問題：「就臺灣的國際地位來看，或許大家會覺得現階段要申請登錄世界遺產幾乎是不可能的，那麼，臺灣致力於申請登錄世界遺產所代表的意義是什麼呢？」現任國立成功大學名譽教授、文化資產局世界遺產推動委員會暨文化資產審議委員的傅朝卿博士當時這麼回答我「臺灣針對登錄世界遺產所做的運動，是臺灣人的國際責任，也是義務」、「以世界遺產的標準來守護遺產，去申請應該要申請的認證，從能做的事開始認真著手是很重要的」、「若不這麼做，就會剝奪世人知道這些事情的權利」。聽到博士這番話，我再度流下了眼淚——但可以說，這次的眼淚與此前悔恨的淚水完全不同。

二〇一七年，期待很久的本書日文版《ユネスコ番外地 台湾世界遺産級案内》終於在日本推出。

二〇二〇年，臺灣即便被WHO排除在外，仍對深受新冠肺炎疫情所苦的各國發出"Taiwan Can Help"的宣言，無償提供各種醫療物資等。我聽聞這則消息時就想到：「沒錯，就是這樣！」臺灣正有著許多應該與全世界分享的自然遺產與文化遺產。

臺灣在申請登錄世界遺產時，最令人擔心的就是臺灣人自己都不太關心這個議題，又或者是不抱任何希望。要是真的有機會申請登錄世界遺產，當地人的支持度其實也是左右登錄與否的重要因素。或許本書的資訊量算不上充足，但價值正在於它是世界上最喜歡世界遺產的日本人關注著最友好的國家——臺灣的世界遺產問題、有志一同所寫成的。因此無論如何，我都非常想在臺灣出版中文版。

中文版還收錄了各個潛力點的英文簡介，這是日文原著中沒有的。因為我希望各位若有機會在各種場合向外國人說明臺灣的世界遺產潛力點時，能略盡棉薄之力。

我非常希望這本書能成為加深臺日羈絆的小契機，並且期許終有一天能和世人一起慶祝臺灣潛力點成功登錄世界遺產。最後，對傅朝卿博士、唐鳳、聯經出版公司發行人林載爵先生、以平野久美子小姐為首的全體作者，和以八田修一代表理事為首的一般社團法人臺灣世界遺產登錄應援會全體會員、以富田啟一郎創社會長為首的臺北旭日扶輪社所有社員，以及其他為出版本書盡心盡力的人，我謹在此致上由衷的謝意。

辛正仁

一般社團法人臺灣世界遺產登錄應援會創立代表

相關網站

文化部文化資產局
https://www.boch.gov.tw/

一般社團法人臺灣世界遺產登錄應援會
https://wh-taiwan.com

前言

# 理念支持，行動支持

「臺灣有幾個世界遺產呢？」

大部分日本人一被這麼問到，都會左思右想地猜測到底有幾個，因此若是告訴他們：「其實一個都沒有。」對方往往會一臉不可置信。而臺灣完全沒有任何世界遺產的原因，就在於沒有加入聯合國。

不用說，臺灣確實有著獨特的文化與歷史，全島各地也都擁有世界遺產等級的自然景觀與歷史建築。臺灣政府像是受到了全球「世界遺產熱潮」的影響，自二〇〇二年起，借助各國專家之力，展開了世界遺產潛力點的選拔運動。到二〇一七年為止，包括自然遺產、文化遺產、複合遺產在內，共選出了十八個潛力點。

這真是非常有意義的運動。

因為臺灣人可以藉此了解保護自身環境的重要性與保存文化遺產的概念，我們外國人也因而得知臺灣有世界遺產等級的秀麗風景、文化遺蹟，以及應當加緊保護的珍貴建築。

定居臺南的建築史學家傅朝卿老師從一開始就參與了這項運動，他說：「保存堪稱世界遺產的景觀與遺蹟，對臺灣人來說是國際性的責任。」總有一天，臺灣的秀麗風景及歷史建築群等，一定會登錄為世界遺產。為了那一天的到來，就要時時留意、毫不懈怠地進行保存及修復，以符合國際標準。從這一點來說，率先選出潛力點便有其意義。

這項運動的背景或許也和人們心中普遍存在的「自我追尋」有關。我能感受到臺灣人想要更深入了解自身獨特的自然、歷史與文化的率直渴望。

話說回來，一九七二年通過的聯合國教科文組織《世界遺產公約》所蘊含的精神，是保護人類共同的遺產免受損害與破壞，而能跨越不同政治與種族流傳到後世，為此就需要國際上的協助。從聯合國教科文組織的精神來看，這完全無關乎國界與政治。

身處鄰國日本的我們，已經非常了解臺灣的美好，也正因如此，才想支持臺灣的世界遺產潛力點選拔運動。

本書的日本作者們都格外熱愛臺灣且熟知臺灣的大小事，他們一一造訪了這十八個世界遺產潛力點，並熱情地為各位導覽——當然，這可是初次嘗試的企劃。

一旦成為世界遺產，當地往往就會出現洶湧的人潮與成堆的垃圾，而臺灣的世界遺產潛力點則是尚未被聯合國教科文組織認識與認證的地方，所以正適合趁現在去造訪，畢竟全世界的專家可都打包票保證值得一訪。

因此我在這裡要再次大力鼓吹——

讓我們走在世界前端，邁向臺灣的世界遺產潛力點吧！

# 世界遺產登錄標準

❶代表人類創意與天賦的名作。

❷可藉由建築、科技、偉大藝術、城鎮規劃或景觀設計的發展，展現某一段時期或一世界文化區域內，重要人類價值觀的交流過程。

❸是某一文化傳統或現存／消失文明的獨特或特別的證明。

❹是一建築物類型、建築或技術綜合體，或景觀的顯著典範，訴說人類歷史中的重要階段。

❺是傳統人類居住、土地利用或海洋利用的顯著典範，代表了一種文化（或多種文化）或人類與環境的互動關係，特別在不可逆轉的變化衝擊下顯得脆弱。

❻與具有顯著全球重要性的事件、現存傳統、觀念、信仰、藝術與文學作品有直接或明確的關聯（委員會認為此項準則最好與其他準則同時配合使用）。

❼包含極致的自然現象，或具有特殊自然美景與美學重要性的地區。

❽是地球歷史重要階段的顯著代表範例，包括生命紀錄、地貌發育重要且進行中的地質作用，或重要的地形、地文現象。

❾對於陸域、淡水、海岸與海洋生態系和動植物族群的演化發展而言，足以代表重要且進行中的生態和生物作用。

❿就生物多樣性現地保育而言，包含最重要且最有意義的自然棲地，特別是那些在科學或保育上具有顯著全球價值但面臨威脅之物種的棲地。

（引自文化部文化資產局「臺灣世界遺產潛力點」網站）

本書所刊載的情報、資料以採訪當時為準。
最新數據、交通狀況與費用請上網查詢。

地圖繪製：山田信也（Studio Pot）

第1章

# 臺灣 多元又迷人的 驚奇感

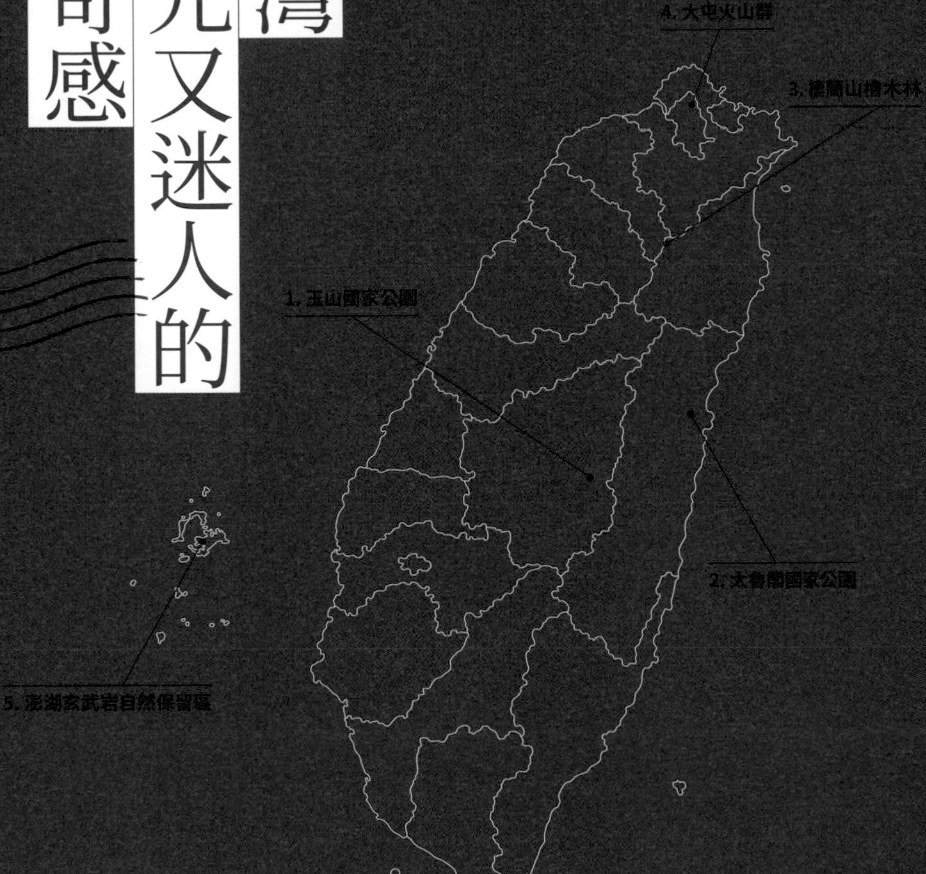


有著「美麗寶島」之稱的臺灣，是歐亞大陸板塊與菲律賓海板塊碰撞隆起後誕生的、充滿戲劇性的蓬勃大地。
只要來到這五個名列世界自然遺產潛力點的風景秀麗之地，就會打從心底感到不可言喻的莊嚴，湧現不可思議的感動，被臺灣的大自然所散發的驚奇感（sense of wonder）環抱，嚮往一趟精彩的旅程。

1/

# 玉山國家公園

符合 世界遺產登錄標準 7 9 10

# Yushan National Park

標示著標高 3952 公尺的石碑豎立在玉山頂峰。
登山客置身縹緲的雲海中，品味至高無上的幸福。

——

**標高** ▶ 3952公尺
**緯度** ▶ 北緯23°28′12″
**經度** ▶ 東經120°57′16″
**總面積** ▶ 約1050平方公里

Yushan is the highest mountain on Taiwan at 3952 meters above sea level. Due to the great difference in elevation, its climate transits from subtropical and temperate to subarctic as the altitude increases, forming various vegetation zones with diverse flora and fauna. Some of the key species in this region include *Rhododendron rubropilosum* var. *taiwanalpinum, Juniperus squamata, Gentiana scabrida, Ursus thibetanus formosanus, Martes flavigula chrysospila*, and *Rusa unicolor swinhoii.* With Yushan at its heart, the expansive national park is one of the best nature reserves and most popular alpine tourist attractions in Taiwan, drawing countless foreign hikers as well as local climbers every year. Because of its biodiversity and the majesty of lofty mountains, Yushan has become a national icon of the beautiful island.

# 山高而貴

## 比富士山還高一七六公尺的高山

臺灣全境中，山地占了六五％，光是超過三千公尺的山峰就有一三三座。其中最高峰就是位在島嶼中心的玉山，巍峨壯闊、高聳入雲，顧盼自豪地矗立著。

中國清朝的詩人郁永河曾遠望山頂積雪的玉山，吟詠著「白色如銀，遠望如太白積雪」，盛讚其美麗的形貌。相傳這座山之所以被命名為「玉山」，就是源於這則軼事。

玉山與日本的富士山一樣，是一座非常不可思議的山。一般認為，玉山的奧祕就隱藏在它三九五二公尺的標高以及地球座標系的緯度之中。

山的價值很難只用一句話概括，但要是純粹就高度來論定，相信任誰都不會有異議。日本作家深田久彌在《日本百名山》一書中提到，名山的價值是以山的樣貌、歷史、特性為判斷依據，另外還加上了「一千五百公尺以上」這樣的高度指標。儘管日本古書有言「山不在高，以有樹為貴」，但高山說起來還是很有魅力的。

玉山比日本最高峰富士山還高出一七六公尺。日治時代的舊名為「新高山」，指當時誕生的新的最高峰。而許多人記憶中的暗號「登上新高山」，指的就是攻擊珍珠港的命令。新高山這個名稱對老一輩的日本人來說，和那段晦暗的歷史同樣難以忘懷。

而在登山客的心目中，玉山並未蒙上戰爭的陰影。以主峰為中心，東南西北方共有四座山峰環繞，那威風凜凜的姿態正足以代表臺灣，既威嚴又肅穆。

此外，玉山坐擁豐沛的森林資源且海拔落差大，孕育了為數眾多的野生動植物。同時，以玉山為中心，有約一〇五〇平方公里的山區被劃定為玉山國家公園，做為臺灣自然生態保護區，備受呵護。大自然豐饒的多樣性以及人們對高山的敬畏，使玉山成為臺灣一等一的山

（上）從樹林帶跨越森林界線前往岩稜帶。
（下）玉山的野生動物很多，有時會在登山道上碰個正著。

玉山登頂的魅力就在於自山頂眺望。
清晨與黃昏的景色更是美不勝收。

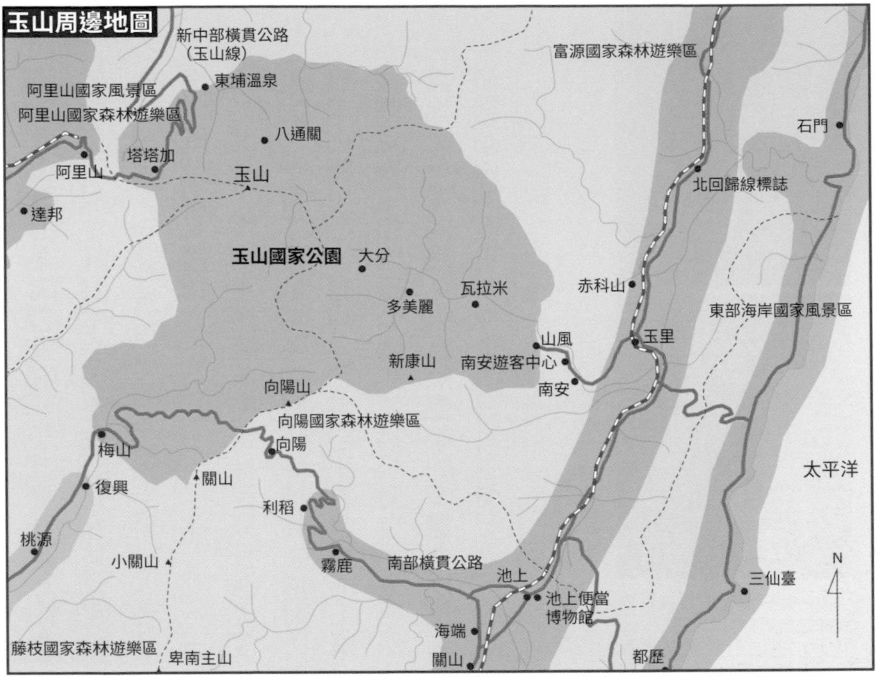

玉山周邊地圖

岳觀光勝地。所有曾去造訪的人在得知玉山並未被指定為世界遺產時，無不大吃一驚。

## 光靠人類的心肺能力就能攀登的山

玉山的標高為三九五二公尺，登山客往往因此迎頭撞上「四千公尺高牆」。因為在海拔這麼高的低氧環境下，身體機能會受到影響，開始出現頭痛、倦怠、暈眩、想吐等高山症的症狀。海拔四千公尺的大氣中，氧氣濃度約為平地的八〇%，這是人類能以肉體直接承受、幾乎瀕臨界限的高度。

如果富士山有四千公尺，那麼所有登山客幾乎都會出現高山症，缺乏登山知識的新手將無法登頂而打退堂鼓。反觀玉山，也有將近四千公尺的高度，登山客卻有很大的機會在出現高山症前便奮力登上頂峰。其中的關鍵就在於玉山的緯度。玉山位在北緯二三度二八分，比富士山的北緯三五度二一分還要低，單就緯度低這一點來看，氣壓就比較高，氧分壓、氧氣量也會因此提升。只要比較一下聖母峰與德納利峰（舊名麥金利峰）就會發現，後者正因為緯度高而顯得更嚴峻。也就是說，與實際的高度相比，攀登玉山對人體來說反而感覺比較

豐饒廣袤的森林，是備受保護的自然生態保護區。

輕鬆。

然而，「四千公尺高牆」的障礙可不是虛有其表，所以登山客還是得一步一腳印慢慢攀登，維持攝氧量，防範高山症。

我們當年要登玉山前得特別向臺灣林務局申請許可，不過現在也是，即便一般的登山客也必須申請入山證。

當時的行程是縱走路線，從距山頂北方約八公里的郡大林道前往玉山。自觀高進入，接八通關古道，目標是山頂，下山則經由塔塔加前往東埔溫泉。一般來說，登山客通常是在東埔溫泉的山莊過夜，然後從塔塔加這一側攀登玉山。

（右）剛開始攀登時的樹林帶。在蓊鬱的森林中健行。
（左）登山道經過妥善的整修，不必擔心迷路，能享受寧靜又安全的登山活動。

## 在靜謐的山頂，切身感受地球之大、之圓

水里車站位在又稱為南投縣觀光鐵道的集集線上，而觀高則距離水里車站約六十公里，坐在卡車上搖搖晃晃約四小時才能抵達。在這裡，標高已經超過了二千五百公尺，前方只窺見我們接下來要攀登的玉山山頭。

登山道很快變窄了，我們以之字形的路線開始攀登。繞著八通關山的山腰，攀過一座山巔後，廣大的高原便一覽無遺。都已經十一月了，高原上的草仍青綠茂盛，讓人無法想像這是高達二千七百公尺的山峰。當時萬里無雲，非常舒服。十一月是最適合爬玉山的時候。

不久，在森林裡看到的玉山愈來愈大。這裡的岩石表面是黑色的，感覺很有魄力，但岩石本身似乎很脆弱。走出森林後來到的地方正是森林界線，這一帶的高度是海拔三千六百公尺，我們很驚訝山的姿態竟然會因為緯度不同而有這麼大的差異。

從森林界線到頭頂上方遠遠看到的、稱為風口的「山坳」，必須一口氣攀過相當陡的三百公尺斜坡。首先穿過玉山圓柏，接著越過粗糙的碎石坡，再爬上之字形的登山道。因為太陽照不到，從拗口吹拂而下的風非常冷。

大約經過四十分鐘就到達了山頂下方的坳口，下一步終於要邁向山頂。風勢如我們預料的一樣強，不過午後的陽光照射在山頂上很溫暖，讓人難以想像是位在標高四千公尺的山頂。

在山頂上，西側的視野初次展開，放眼望去，美麗的雲海連綿到地平線，幾乎可以讓人實際感受到地球之大、之圓。在漫長又痛苦地攀上斜坡後，看到這雄壯的景象，心情不由得

激動了起來。能感受到玉山海拔高度的神奇與樂趣，正是登山的有趣之處。

神長幹雄

**交通方式**

從臺北可搭乘高鐵到嘉義，在嘉義轉乘公車前往阿里山。從阿里山到上東埔也是搭公車，從上東埔到塔塔加登山口則有接駁車。
攀登玉山需要申請入山證。只要參加旅行團，業者就會代為辦理，不過個人也能自行申請。



# 憧憬了半個世紀的新高山

一九四五年日本戰敗後，八歲的我不得不離開臺灣，直到現在仍懷念著「故鄉臺灣」的河山。

自懂事起到讀國小二年級為止，我都在臺北生活，每天早晚仰望的就是大屯山、七星山和觀音山等，但不論怎麼說，新高山（現在的玉山）在我心目中就是與眾不同。臺灣有許多高山都是原住民的聖地，被劃為管制區，對登山一事多所限制，但新高山與次高山（現在的雪山）則是相對較早就能攀登的。

當時，臺灣的國中與女校為了鍛鍊學生的身心，都會鼓勵他們去爬新高山。我經常聽到人們提起新高山，每每心跳不已地想著，總有一天自己也要去爬這座「日本第一」的山。此外，臺灣也會用「新高山」一詞來為各式各樣的動植物、商品、商店等命名，所以對我來說，新高山比富士山更有親切感。

我是在二〇〇一（平成十三）年、大約六十五歲時實現了孩提時代攀登新高山的夢想。十月十日，我飛到了闊別已久、朝思暮想的臺灣，從桃園國際機場一路南下，經由嘉義、阿里山，選擇了西側從塔塔加鞍部開始攀登的路線。

戰前的登山風景。

我住在日治時代新高下駐在所遺蹟改建的山屋（排雲山莊），半夜兩點起床，稍微吃點東西後，三點便出發。穿過玉山的冷杉林，在類似矮松的玉山圓柏中邁進，最終來到森林界線，然後就是攀爬崖錐斜坡與露出岩床的陡坡。

到了五點半，我終於站上了頂峰。在登頂的同時，朝陽也升了上來，四周突然明亮起來，周圍浮現出雄壯豪邁的龐大群山。我想著，自己終於來了，心中滿是感動。

但可不能看得太入迷，畢竟六點就要開始下山了。我在山肩處挖了一個小洞，放入比我更惦記臺灣的父親的遺照。但我想，父親一個人應該會寂寞，於是把自己的指甲一同埋了進去，然後合掌拜別——這是我攀登玉山的另一個目的。

戰敗後，自離開臺灣的那天起，我便心心念念地想著，總有一天一定要登上玉山，過了五十五年後，終於得償所願。對出生或生活在日治時代臺灣的人來說，新高山的地位，就像富士山對居住在內地的日本人來說那樣崇高。

（齋藤毅）

2/

# 太魯閣國家公園

符合 世界遺產登錄標準 7 9 10

# Taroko National Park

由太古的地殼運動生成，動態的景觀連綿不絕。

**總面積** ▶ 920平方公里
**東西** ▶ 約38公里
**南北** ▶ 約41公里
**最高標高** ▶ 3742公尺（南湖大山）
**平均氣溫** ▶ 17.5°C（標高1000公尺處）
**降雨量** ▶ 2000公釐以上

The Taroko Gorge is located in eastern Taiwan with the Pacific Ocean to the east and the adjacent Central Mountain Range to the west. The place is renowned for the hard rock formations that first appeared in the Archean Eon as a result of tectonic activities and then began to be eroded by the Liwu River, creating a steep gorge. In addition to the spectacular view and unique landscape, the pristine vegetation and rich wildlife is also part of its charm. From the isolated Swallow Grotto Trail to the tortuous Tunnel of Nine Turns to Tianxiang at the end of the gorge, it was a real challenge to build a road back in the day. Today, there are several trails around Tianxiang for tourists to enjoy a walk. Taroko National Park is a famous habitat for butterflies, too. It is home to a total of 239 species, including *Papilio maraho, Atrophaneura zaleuca, Byasa impediens* subsp. *Febanus* and other endemic species – Taiwan is truly worthy of the nickname "Kingdom of Butterflies"!

# 坐擁大峽谷，臺灣最雄偉的風景名勝

## 在大理石斷崖間奔騰的溪流

太魯閣峽谷位在臺灣東部，有臺灣最雄偉的風景名勝之稱。溪流流經大理石斷崖之間，陡峭的岩床近在咫尺，雄壯的景觀舉世無雙，令人屏息的美景連綿不斷。如今，太魯閣峽谷整個區域都已經被指定為國家公園。

打開地圖可以看出，高聳的山脈貫穿了島嶼中央，將臺灣分成了東西兩半部。位在東部的就是太魯閣地區，東側與太平洋相鄰，西側則與中央山脈相連。最高點是臺灣的第八高峰南湖大山（海拔三七四二公尺），山勢在太魯閣東邊則急轉入海。

這一帶以堅硬的岩質廣為人知，因為流經其間的立霧溪侵蝕而形成了峽谷，不僅有壯闊的風景，獨特的地質、保留原始風貌的植被、多彩多姿的自然生態等也都引人入勝。

相傳這一區本是無人地帶，後有來自中部霧社方面的移民前來，他們也就是所謂的太魯閣族。日本統治時代在這裡採取了移住政策，戰後的中華民國政府也沿襲了這項作法，因此現在峽谷內還保留了許多個部落。

太魯閣峽谷的開拓始自日治時代，當時是沿著立霧溪整修、鋪設道路，到了昭和時代則著手開發觀光。一九三七（昭和十二）年被指定為「次高太魯閣國立公園」。

大理石的色澤與清冽的立霧溪交織成美麗的地景，連綿不絕。

## 燕子口與九曲洞

站在太魯閣國家公園的入口，高聳的群山近在眼前，據說地表下 的底岩達一千公尺，可是讓人仰頭看時會覺得脖子痛的高度。初次拜訪這裡時，我有好一會兒被震懾得說不出話來。

我造訪的時候，太魯閣峽谷正在實施隧道整修與道路拓寬的工程，今後的交通想必會更舒適順暢，只不過也會失去從車窗眺望風景的樂趣。

首先值得一看的是長春祠，祠中祭祀著興建東西橫貫公路時的殉職者，地點在太魯閣入口牌樓往前約兩公里處，小小的祠堂幾乎嵌入了山壁中。這條步道於一九六〇年開通，是由中華民國的退役軍人興建的，祠堂下方湧泉奔騰，看起來就像一幅優美的圖畫。

而太魯閣的景點中最精彩的就是燕子口與九曲洞，以及錐麓大斷崖周邊。每一處在當年鋪路時都被視為難關，如今原本的路則整建成了步道。

燕子口位在被陡峭山壁所阻隔的山谷間，陽光難以照進這一帶，以前即便是在白天觀光也得依規定開燈。

九曲洞則是好幾個連續的彎道，裸露的岩石近在咫尺。步道全長兩公里，岩石就在頭頂，無支撐挖掘工法開鑿的隧道則無盡延伸。

這段峽谷散步路線的終點站是天祥，要是再往前，可就是不折不扣的翻山越嶺了。而太魯閣族人就生活在這片已開拓的河階地上。

## 從天祥出發的古道健行

天祥附近整修了好幾條步道，可以享受健

（上）朝陽照入峽谷的風光。午後容易變天，所以建議在早上步行。照片中是九曲洞的景象。
（左上）無支撐挖掘的隧道連綿不斷，讓觀光客都大為震懾。工程全是靠人力完成的。
（左下）峽谷沿道也是運送物資的重要通路。隧道開通後，舊有的道路則被修整為步道。

行的樂趣。其中的綠水步道全長約兩公里，是很好走的健行路線，原原本本地保留了日治時代修建的古道。

綠水步道的入口位於綠水地質景觀展示館旁。這一帶是廣為人知的蝴蝶棲息地，只要來對季節，就能看到無數的蝴蝶。太魯閣國家公園園區內棲息著九一二種昆蟲，單是蝴蝶就有二三九種。要是夠幸運，或許還能遇見臺灣特有的臺灣寬尾鳳蝶、白邊窄曙鳳蝶或是臺灣麝香鳳蝶。

峽谷內有許多地方設置了吊橋，但下雨天容易滑倒，要小心。

只是原本以為平緩的健行路線，卻逐漸變得險峻。緊接著，重頭戲便是從外側大大地繞過斷崖一帶，讓人充分體驗到翻山越嶺的暢快與驚險。

這條路線上還留有日治時代所建造的弔靈碑，是為了憑弔在工程事故以及與太魯閣族的戰役中殞命的日本人。此外，綠水地質景觀展示館中也展示著這一帶的地質構造。

戰前所拍攝的太魯閣峽谷入口。這是日治時代發行的明信片。（片倉佳史收藏）

焦點話題

## 追憶往昔的蘇花公路

蘇花公路是連結花蓮與蘇澳的沿海道路，其歷史可以追溯至清朝統治時代，在日治時代則被稱為「臨海道路」。這條公路是連接臺北與臺灣東部的主幹道，也是陸上運輸的大動脈。

尤其是「清水斷崖」一帶，海水的顏色美麗至極，可惜交通量很大，無法隨意停下來觀賞，但倒是設置了好幾處休憩區。

至於「清水斷崖」的名稱由來，有一說是日治時代航行海上的英國船隻艦長稱其為「Gilmaldo 斷崖」而得名。此處自清朝統治時期就以出產石棉瓦的石板與砂金、雲天祥當地有住宿設施，所以不妨在這裡住一晚。早上的空氣清新得令人驚奇，在這樣舒適宜人的環境中散步，著實令人難以忘懷。

片倉佳史

**交通方式**

花蓮是探訪太魯閣峽谷的玄關，也是臺灣東部最大的城市，若是搭臺鐵的普悠瑪號從臺北出發，只要 2 小時多一點，抵達花蓮後則有客運或觀光巴士可搭乘。此外既可以從松山機場直接搭機前往花蓮，也有從臺北出發的一日遊，到了花蓮則可以購買一日券，搭乘觀光局營運的「臺灣好行」觀光接駁公車，相當方便。
太魯閣峽谷的各景點有時會因為自然災害的影響而關閉，造訪前不妨先在太魯閣國家公園的官方網站確認最新情況。
另外，各景點雖然都有廁所與休息站，但餐廳只有天祥有，這一點也要留意。

母而聞名，所以很早就開始修路，只是無法用來運送物資，要等到日治時代才正式開山闢路。

一九二四（大正十三）年，車道的第一期工程完工，一九三一（昭和六）年起，則開始有定期巴士行駛。

現在的蘇花公路上是沒有大眾交通工具行駛的，雖然有火車，但隧道很多，無法好好欣賞風景，所以不開車的話最好在花蓮或新城包計程車，這樣才能直達可以欣賞「清水斷崖」美景的地方，並順利從原路折返。

（片倉佳史）

3

# 棲蘭山檜木林

符合 世界遺產登錄標準 8 10

# Cilan Mountain Cypress Forest

鐫刻了一、二千年的時光而茁壯的神木。想必所有人都會被這樣的生命力折服。

——

**總面積** ▶ 450平方公里
**緯度** ▶ 北緯24°26′00″－24°45′30″
**經度** ▶ 東經121°14′00″－121°33′30″
**標高** ▶ 305－2975公尺
**平均氣溫** ▶ 年均溫12.7°C（棲蘭：標高1490公尺）
**降雨量** ▶ 3893.8公釐（明池：標高1150公尺）、2857.2公釐（棲蘭）

There are seven species of cypress on the Pacific Rim in the Northern Hemisphere. Among them, *Chamaecyparis obtusa* var. *formosana* and *Chamaecyparis formosensis* are native to Taiwan, with the former being of better quality as a timber. Spreading across four administrative divisions including Yilan and Taoyuan, the Cilan Mountain Cypress Forest has countless cypresses over a thousand years old, making it a primeval forest second to none in Taiwan. In the Cilan Divine Tree Garden, each of the oldest trees is named after a Chinese historical figure according to its age. For example, the Confucius is a 41-meter-tall, 2560-year-old cypress, the oldest of its kind in the area. Taiwan used to have large stretches of cypress forests like this in the past, but most of them were chopped down in the wake of World War II. In the end, the Cilan Mountain Cypress Forest became the last haven for rare cypresses in the country. Here, you can find an alpine lake surrounded by fog, trees and wetlands, and the extraordinary environment has nourished many endangered species, like the living fossil *Taiwania cryptomerioides* and *Pleione bulbocodioides*.

# 放眼望去，莊嚴的神木林立

## 蘭花棲息的山岳

位於東京代代木的明治神宮門前的大鳥居，用的不是日本產的檜木，而是臺灣產檜木，這件事近年來已經廣為人知，不過，倒是很少人知道奈良的法隆寺與藥師寺在昭和時代進行大整修時，使用的也是臺灣產檜木。如今日本幾乎已經沒有樹齡超過千年的檜木，甚至早在明治時代就很難找到巨大的檜木。

在北半球的環太平洋地區分布著七種檜木，在臺灣的是原生的臺灣檜木與臺灣紅檜。其中臺灣檜木的材質特別出色，是足以和日本天然檜木匹敵、最高級的逸品；至於臺灣紅檜的品質雖然差了一截，但做為建材的價值則相當高。

在這座棲蘭山中，奇蹟似地保留了樹齡隨隨便便就超過千年的臺灣檜木原生林。過去在臺灣，以阿里山（參照〈6 阿里山森林鐵路〉）為首，各處都有大面積的檜木林，但戰後有段時間不斷被砍伐，導致這裡成了最後一片巨木林（現在法律規定禁止砍伐）。臺灣人都稱這些巨大的檜木為「神木」。

臺灣擁有多元的自然環境，從以玉山（三九五二公尺，參照〈1 玉山國家公園〉）為標高最高的高山群到常綠闊葉林，以及超過森林界線、山岳景觀廣布的高山荒原和亞熱帶

棲蘭神木園近景。檜木類的優勢種保存林。每一棵樹都配合樹齡，以中國的偉人姓名來命名，其中最高齡的是孔子神木，樹高41公尺，樹齡超過2560年，樹種則為臺灣紅檜。

的紅樹林，可說一應俱全。而在這座景觀多變的臺灣島上，最特別的祕境就屬「棲蘭山檜木林」了。

棲蘭山位於臺灣北部的宜蘭縣，就在臺北市的正南方，直線距離約五十公里，占據了雪山山脈的一角，是標高落差超過二千五百公尺、地勢險峻的山岳地帶，有時年間降雨量會達到五千公釐，猛烈的雨勢造成山崩，長久以來阻擋了人類的侵入和侵略。山頂的雪線、霧

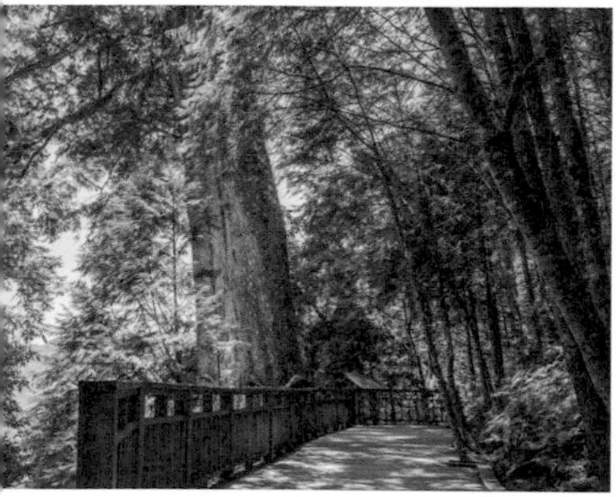

棲蘭神木園園內。周遊步道間，能感受到神明棲息的62棵檜木巨木群的靈氣。幾乎所有樹木的樹齡都超過了千年。

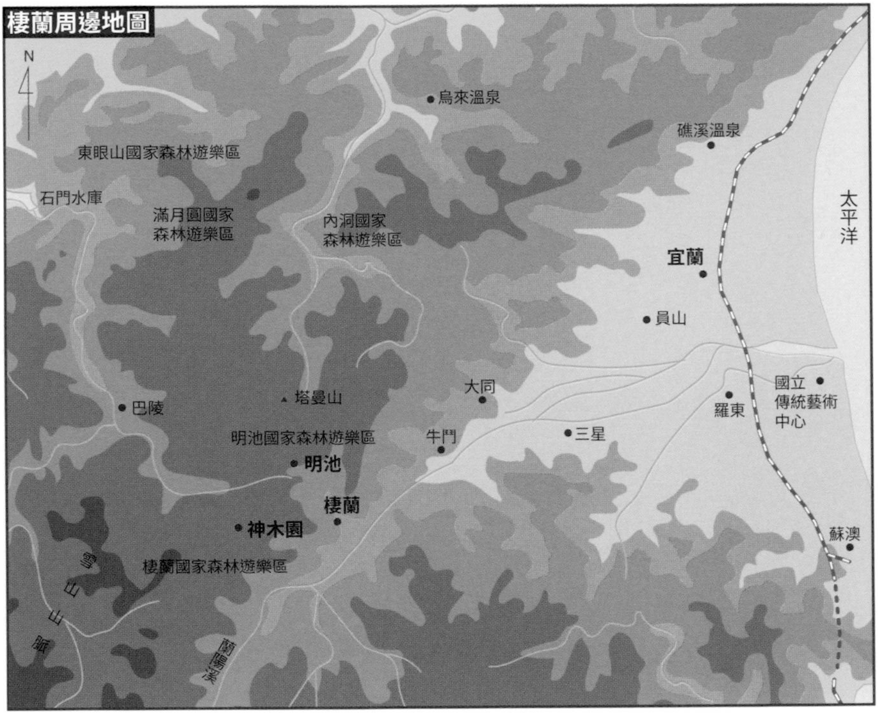


氣氤氳的高山湖泊、神明棲身的巨木群——這裡保存了多樣且特異的生物群系。

## 生氣勃發的神聖空間

棲蘭山檜木林的面積是四五〇平方公里，橫跨宜蘭縣、桃園市等四個縣市，標高約三百～二千九百公尺，大部分是山岳地帶，最高峰為南馬洋山，標高達二九九三公尺。在這裡，棲息著從亞熱帶到亞寒帶的各種動植物。

日本的世界自然遺產目前也只有屋久島、白神山地、知床和小笠原群島這四個地方，要登錄為世界遺產，有一項要求是「特殊自然美景」，而棲蘭山檜木林確實具備值得登錄的價值。

日本九州的屋久島擁有聯合國教科文組織認定的「普世價值」，以下就試著跟棲蘭山來比較一下吧！就自然美景的觀點來看，屋久島擁有「巨大屋久杉天然林景觀」，棲蘭山則具備「多種針葉樹天然林景觀」；就生態系的觀點來看，則同樣屬於「植群垂直分布顯著的島嶼生態系」。

從標高四百公尺上下的蘭陽溪畔至亞熱帶常綠闊葉樹林為起始，到標高約一千五百公尺附近，盡是多種混生的蓊鬱森林。斜坡上可以看到樟樹、紅楠類屬、一般殼斗科植物，或是樹皮偏紅、材質堅硬的殼斗科植物等，都是與日本相同種類的近緣種，打造出樹高約二十公尺的林相。

而從標高一千公尺左右開始出現的針葉林，幾乎覆蓋了標高約一千五百公尺以上的斜坡。在這裡混生著臺灣杉、巒大杉等針葉樹，也有臺灣扁柏與紅檜，樹高為三十~三十五公尺左右，還有幾處由不同樹種所形成的純林。

（上）棲蘭神木園入口。
（下）從高原度假地明池遊樂區到神木園的導覽地圖。可搭乘接駁巴士。

培育臺灣扁柏。禁止砍伐天然木，以守護優質的母樹並培植稚樹。

此外紅檜中也有樹高高達六十公尺的。

至於標高超過一千五百公尺的地區，則開始出現二十～二十五公尺的臺灣鐵杉林。鐵杉林的樹高會隨著標高增加而變矮，一路綿延到標高二千公尺級的稜線邊緣。

在這一大片森林區域中，有著被雲霧森林與濕原環繞、靜靜蓄著水的高山湖泊。其中鴛鴦湖的標高為一六七〇公尺，湖泊面積達三．六公頃，湖畔還有一片二．二公頃的濕原，被闊葉樹與針葉樹的混生林所圍繞。這一帶經常起霧，因此樹幹與林地上往往覆蓋著青苔，蕨類與蘭花也都生長茂盛。

不過這樣的自然環境其實非常脆弱，孕育著曲軸黑三稜（臺灣唯一的黑三稜屬植物，在日本也是稀有品種）等許多瀕危物種，即便是專家學者，要進入這裡也得申請許可。

顧名思義，「宜蘭縣」自古即是野生蘭

**交通方式**

棲蘭山檜木林如今隸屬馬告生態園區，入園可參觀棲蘭森林遊樂區、明池森林遊樂區、棲蘭神木園三處。從臺北可搭乘火車（1 小時半）或是直達的國道客運（1 小時）前往宜蘭，接著再轉搭客運經臺7 線往蘭陽溪上游。蘭陽溪沿途橫越高山，廣大的亂石灘也是一幅驚人的景致。行駛約 1 小時就會抵達位於園區入口處的棲蘭森林遊樂區，在這裡換搭小型巴士，深入山林後，便會到達標高 1200 公尺的明池森林遊樂區。從明池到棲蘭神木園有接駁車，在這裡可以近距離欣賞樹齡超過千年的巨木，請各位務必悠遊在巨木間，傾聽大自然深沉的呼喚。

在森林遊樂區中，有餐廳兼旅館的明池山莊可以留宿，周遭則有好幾條圍繞著森林與湖泊的步道。

棲蘭國家森林遊樂區的入山費用是 100 元，明池國家森林遊樂區則是 120 元。

（也就是「東洋蘭」）的寶庫，這裡登錄了生長在鴛鴦湖及鎮西堡等地、被稱為「活化石」的臺灣杉（六千萬年前的古近紀遺存植物），以及生長在樹幹、樹枝和岩石等處的「著生蘭」——臺灣一葉蘭（受歡迎的大朵「朱蘭」）等六十二種瀕危物種、近危物種。一〇〇九種草木（維管束植物）中，臺灣特有種超過了三九〇種。此外也有報告指出，臺灣扁柏林中有許多罕見的附生植物。

其實神木園能參觀的地方只到檜木林的入口，再往前便是拒絕人類進入、廣大而狂野的自然。單單站在棲蘭神木園這個步道完善的森林中，就能切實感受到棲蘭山檜木林的存在有多麼驚人。

箕輪隆一

4/

# 大屯火山群

符合 世界遺產登錄標準 8 9 10

## Datun Volcano Group

臺北市背倚的巨大山塊，
隨著四季遞嬗會展現出不同的風情。

**總面積** ▶ 約115平方公里
**緯度** ▶ 北緯25°10′34″（大屯山）
**經度** ▶ 東經121°31′17″
**標高** ▶ 1093公尺
**鳥類** ▶ 約120種
**爬蟲類** ▶ 48種
**兩棲類** ▶ 21種
**哺乳類** ▶ 14種
**昆蟲** ▶ 223種

The Datun Volcano Group is situated at the heart of Yangmingshan National Park. Although steam and sulfuric gas can be seen coming out of the greyish mountains today, the foothills are exuberant green most of the time, with flower fields in the spring and a thin layer of snow in the winter. It is not only the biggest geopark in Taiwan, but also an important ecotourism destination in northern Taiwan, where evidence of the tectonic movements that took place millions of years ago is abundant. Mountains in the area were formed more than two million years ago. In addition to the most famous Mt. Datun and Mt. Qixing, there are over twenty volcanoes in the region, including the mountains of Zhuzi, Huangzui and Shamao. Past eruptions created features such as craters, calderas, crater lakes and barrier lakes, while scenic spots like Xiaoyoukeng and Dayoukeng are still spewing out hot springs and sulfuric gas. The seasons are distinct here and visitors can see a lot of rare plants and animals.

# 臺灣地形與生態的縮影

## 湧出溫泉的大型火山帶

臺北的西北部有著層層疊疊的翠綠山巒，其中大屯火山群是陽明山國家公園的中心地帶，至於陽明山國家公園則是臺灣第三座國家公園，誕生於一九八五年。「陽明山」是這個地區群山的總稱，包含大屯山（一〇九三公尺）以及最高峰七星山（一一二〇公尺）等，並不是有座山叫做陽明山。此外日治時代這裡則稱為「草山」。

灰色的山腰至今仍會噴出水蒸汽及硫磺氣，雖然如此，山麓仍舊綠意盎然，春天有整片的花田，冬天則會覆上薄雪。在這裡能實際感受到幾百萬年前的地質活動，不僅是全臺灣規模最大的地質公園，也是生態旅遊的據點。

所謂火山群，顧名思義，正是環太平洋火山帶的火山活動頻繁之處。這一帶的山巒都是由二百多萬年前的造山運動形成，除了大屯山、七星山，還有竹子山、硫嘴山、紗帽山等二十多座連綿的山峰，而且幾乎都是火山。由於過去屢屢噴發而形成了火山口、破火山口、火口湖與堰塞湖。此外也有像七星山的小油坑及大油坑那樣的地方，至今仍猛烈噴出溫泉水及硫磺氣。

這應該符合世界遺產登錄標準中的「地球歷史重要階段的顯著代表範例，包括生命紀錄、地貌發育重要且進行中的地質作用，或重要的地形、地文現象」吧。此外，大屯火山群四季分明，是臺灣地形與生態的縮影，也是觀賞許多稀有動植物生態變化的重要地帶，就這一點來說也符合登錄標準。

## 據說五千年前噴發過

在人類歷史中，並沒有大屯火山群噴發的紀錄，從地質調查可知，最近一次的噴發是在十萬年到二十萬年前。沒有噴發紀錄的火山叫做死火山，即使曾經

溪流沿大屯山而下，是鬱鬱蒼蒼的樹林中一道清冽的淺溪。

自大屯山主峰眺望。位在西邊的面天山旁，夕陽正緩緩西下。

噴發，但若現在處於休眠狀態，則是休火山，雖然這麼說，但過去也曾有沉睡了幾萬年的火山突然噴發的案例。

其實幾年前，臺灣的中央研究院研究員在大屯山附近採取了火山灰進行分析，並提出報告，指出大屯山最後一次噴發可能是在五千年前，而非十萬年前。近年日本的火山噴發預知聯絡會將「此前約一萬年內曾噴發的火山，以及現在仍有頻繁噴氣活動的火山」視為活火山，若是採用這項定義，那麼大屯火山群就算是活火山了。

大屯山是否有再次噴發的可能性？臺北市政府採納了中央研究院的報告，指示擬定危機管理計畫的方針。雖然實際上並未有噴發的徵兆，不過許多研究者都認為「要預測很困難，但不是沒有噴發的可能」。

如果想觀賞火山的「噴氣活動」，可以造訪北投溫泉。硫磺谷是當地的源泉之一，從臺北捷運新北投站搭公車約二十分鐘即可抵達，一下公車，強烈的硫磺味就會直衝腦門，此外入口附近也有泡腳池。

接著走向山谷、穿過樹林後，視野會豁然開朗。山谷長約一公里，最大寬度約二百公尺，放眼望去，是近似日本箱根溫泉或雲仙溫泉的景致。裸露的岩石表面，處處沾染了黃色的硫磺。

山谷間四處氤氳著白色的蒸汽，有的會像間歇泉那樣噴發。而且這裡設有遊客步道，白濁的溫泉在宛如方形水泥大浴缸的地方咕嘟地沸騰著，不但是北投溫泉的源泉之一，更是能讓人感受到地球生命力的地方。

一旁的山谷稱為龍鳳谷，景色雖然相似，但比硫磺谷和緩了些，地上鋪了好幾條把熱水送往泉池的管線。小路沿著溪流蜿蜒而上，爬到上游後，會看到「媽祖窟溫泉」，再往上游走，河畔的岩石間就設有露天溫泉。

## 淡水八景之一——觀音山

大屯火山群當中，還有一座絕不能忘記的觀音山。大屯火山群根據岩石及地層分為七個「亞群」，其中之一就是「觀音山亞群」。相對於其他的山都集中在陽明山國家公園，觀音山則端坐在淡水河隔岸，就像與其他山峰對峙般，不過地底下卻是接續的。

觀音山標高雖然只有六一六公尺，但因為是獨立的山峰而存在感十足。從對岸的淡水看去，山的形狀很像觀音菩薩的側臉輪廓，因而得名，美麗的山景更是淡水八景之一（「觀音水月」）。

此外，在山頂可以一覽大屯火山群的山巒，這幅景色同樣入選了淡水八景之一（「大屯飛翠」）。

迫田勝敏

（上）陽明山、北投等地過去曾開設溫泉。照片中是日治時代的情景。
（下）北投溫泉博物館，在這裡可以了解北投的歷史與文化。

**交通方式**

從臺北搭捷運淡水信義線到北投站，約 30 分鐘車程。從北投站到登山口則可搭公車（約 20 分鐘）。

5

# 澎湖玄武岩自然保留區

符合 世界遺產登錄標準 7 8 10

巍然聳立的柱狀玄武岩是古代岩漿活動的遺蹟，
奇特的造型令人看得入迷。

**面積** ▶ 141.052平方公里（含岩礁）
**東西** ▶ 約40公里
**南北** ▶ 約60公里
**標高** ▶ 79公尺
**平均氣溫** ▶ 23°C
**降雨量** ▶ 約1000公釐

Penghu Islands are made up of 90 islets (including several outcroppings) dotted in the Taiwan Strait. The majority are uninhabited and many are famed for the basalt columns. Columnar jointing, a structure where columns of basalt fit together, can be seen everywhere on these islets – it is said the density of such formations in Penghu is among the highest in the world. Take Yuanbei Island, one of the islets, as an example. It has a series of columns in the north, one of which is nicknamed "stone brush" (as in ink brushes) by the locals. The black stone pillar looks breathtakingly beautiful against the blue ocean. Also, there are Jishan Island, where the basaltic rocks are a favorite haunt of sea birds, and Dinggou Island, which is composed of four outcroppings. Both are designated as a nature reserve in order to preserve the ecosystem and environment. Last but not least, a geopark was established in 2008 on Tongpan Island, a lava plateau in the southeast of Penghu Islands, to protect the precious natural asset.

## Penghu Columnar Basalt Nature Reserve

# 石筆和海面交織成的奇觀與絕景

## 臺灣海峽的奇幻光景

澎湖群島是漂浮在臺灣海峽上的島嶼群，由六十四座大大小小的島嶼所組成，包含岩礁，區劃內共有九十座島，但大半都是無人島。

澎湖縣政府的所在地馬公市人口有六萬多人，舊稱「媽宮」，在日治時代的一九二一（大正十）年改稱馬公，戰前是很繁榮的軍港，設有日本海軍的要港部（統轄艦隊後方的機構）。

澎湖一帶因為玄武岩所形成的地質景觀而聞名。玄武岩屬於火山岩的一種，是熔岩在地表附近急速冷卻凝固而成，特色是外觀呈黑色。在澎湖地區，隨處可見如柱子般連在一起的「柱狀節理」，據說密度之高在全世界數一數二。

員貝嶼位在澎湖本島的東部海面上，繞行一圈花不到一小時，是一座周長只有五公里左右的小島，人口則有二百五十多人。從本島的港口就看得到員貝嶼的身影，但若對它抱有神祕島嶼的幻想，可能會有些失望。

由玄武岩所形成的獨特地質景觀。

近年來，搭乘小船造訪員貝嶼、欣賞玄武岩景觀的「微旅行」很受歡迎。島嶼北邊聳立著陡峭的海蝕柱，當地人稱為「石筆」，其他還有呈放射狀的露出地層及傾斜的岩床等，不斷出現只有這座島嶼才有的奇觀。玄武岩本身黝黑又粗獷，與蔚藍的大海相映成趣，形成令人屏息的美景。

這片海域的另一項特色是漲退潮的水位落差很大。

玄武岩地形在員貝嶼北側與東側極為顯著。

此外也千萬別錯過出現在員貝嶼和澎湖本島之間的「淺水步道」。這是一條「海中步道」，只能在退潮時通行，全長四．六公里，是由碎石子與珊瑚碎片構成的，以前島民會利用這條步道搬運物資。造訪時請務必確認漲退潮的時間。

## 豐富多樣的柱狀玄武岩

除了員貝嶼以外，澎湖還有好幾座島被列為玄武岩自然保留區。

雞善嶼是位在員貝嶼東南東四公里左右的無人島，在柱狀玄武岩的岩石表面上棲息著許多海鳥，為保護生態環境而無法登島，但能坐船在海上觀看。

錠鉤嶼則是由四座岩礁所組成的無人島，受海浪侵蝕的玄武岩陡峭地聳立著，漂浮在距雞善嶼東南東約一公里的海面上。這裡同樣被指定為自然保留區，只能在船上觀光。

鳥嶼位在員貝嶼東北東約四公里處，是一座比較大型的島，人口也最多，有近一千二百位居民。由於鳥嶼有一處呈半圓形的斷崖，狀似鳥巢，加上是許多鳥類的繁殖地，所以有段時期也被稱為「鳥巢嶼」。

「澎澎灘」據稱是這個地區最美麗的島嶼，就位在員貝嶼與鳥嶼之間。這座島是由海積作用與波浪所形成的巨大沙洲，純白的沙灘耀眼奪目。在這裡，沙灘的位置、面積和形狀都會因為狂風和海流而有所變化。

桶盤嶼位在澎湖本島的東南方，從馬公港搭小船約要二十多分鐘。這座島屬於熔岩台地，中央是平坦的高台，由於看起來像倒扣的桶子而命名為「桶盤」。桶盤嶼是典型的人口外流地區，也幾乎看不到觀光客的蹤跡，可是

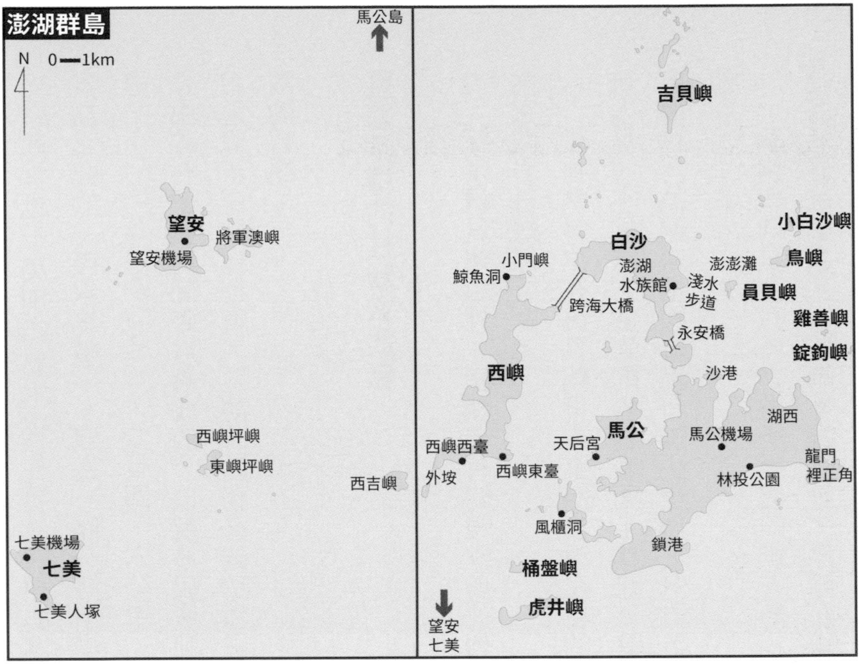


島上的玄武岩景觀卻有著其他地方沒有的獨特氛圍。

海岸邊設有步道，可以近距離觀賞約二十公尺高的柱狀節理。這是黏度低的熔岩所形成的特殊地形，且所有石柱的寬度都有一．五公尺左右。在二〇〇八年一月三日還成立了地質公園。

一部分的岩柱頂端因風化而形成球狀，仙人掌則緊緊攀附在岩石的隙縫間，透露出島嶼嚴峻的自然環境。

海蝕地形延伸到桶盤嶼的西南海岸，這裡有玄武岩熔岩湧出過程中形成的同心圓台地，稱為「蓮花座」。此外，在島上眺望夕陽也別有一番風味。我覺得就算只為了目睹這番光景而來此一遊也絕對值得。

旅行社規劃了許多由馬公出發的一日遊行程，能完整地遊覽玄武岩自然保留區，因此也

桶盤嶼的玄武岩石柱沐浴在夕陽餘暉下，十分耀眼。

不妨試著參加這些小型的旅行團。這裡的日照很強，造訪時一定要記得攜帶帽子、太陽眼鏡以及薄長袖襯衫。

片倉佳史

**交通方式**

有航班分別從臺北以及高雄的機場飛往澎湖島的馬公機場（從臺北起飛約需 50 分鐘，從高雄起飛則約 40 分鐘），此外也有郵輪往返於高雄與馬公（單程約 6 ～ 10 小時）。

焦點話題

## 荷蘭人留下的紀念品——仙人掌

一六二二年，荷蘭的東印度公司為確保東亞貿易的據點而占領了澎湖島。當時為了阻止其他敵人入侵，荷蘭人帶來了有著銳利尖刺的仙人掌，種植在沿海及丘陵。後來仙人掌叢生，在太平洋戰爭中，日軍似乎也認為可以有效遏止美軍傘兵。

生長在澎湖的仙人掌中，「金武扇仙人掌」葉片厚實而扁平，果實呈紅色，可做為食材，在島上有「澎湖紅蘋果」之稱。剝掉果皮後，形狀看起來像無花果，據說在義大利的西西里島就被稱為「印度無花果」（Fichid'india），會用來製作義式冰淇淋。而澎湖的「仙人掌冰淇淋」顏色鮮豔彷彿紅寶石，和西西里的義式冰淇淋相比一點也不遜色。此外，酸酸甜甜的「仙人掌醬」富含果肉，口感很好，讓人聯想到椰果。而到馬公市青灣的仙人掌公園，則能觀賞到超過四百種仙人掌。

（平野久美子）

仙人掌醬。

第2章

# 蘊含臺日共同歷史的所在

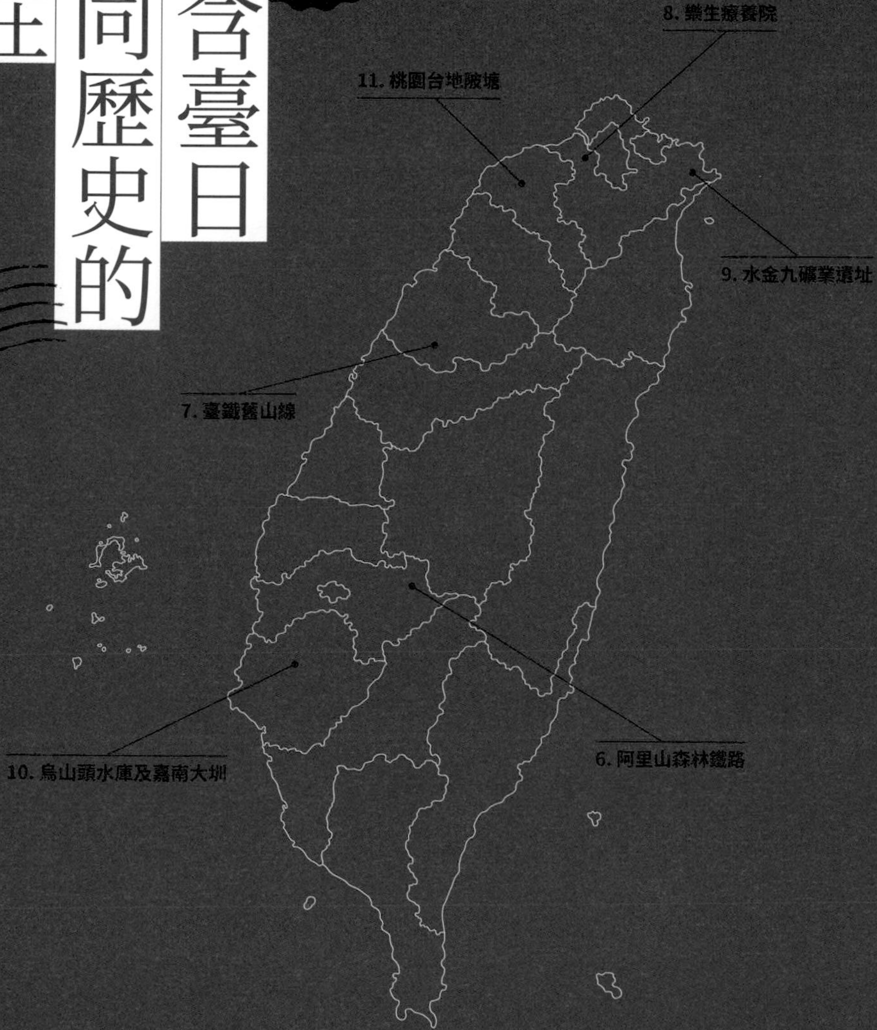


在十二項文化類的臺灣世界遺產潛力點之中，約半數與日治時代有淵源。

其中有著提升人民生活品質、至今仍對農業大有助益的建設等。巡禮這些遺蹟及建築時，總能深深感受到臺灣人對這片土地的愛，以及想要共享回憶的溫柔。

6

# 阿里山森林鐵路

符合 世界遺產登錄標準 1 3 4

# Alishan Forest Railway

火車載著要去看日出的乘客們，天未亮便出發。

---

**全線通車** ▶ 1914年（本線）
**軌距** ▶ 762公釐
**總長** ▶ 77.6公里（嘉義站～祝山站本線、祝山線）
**站數** ▶ 20站
**最高點** ▶ 海拔2451公尺（祝山站）
**最低點** ▶ 海拔30公尺（嘉義站）
**高低差** ▶ 2421公尺

Alishan is one of the most iconic places in Taiwan and a famous tourist attraction in the world. Its forest, sunrise, sea of clouds, sunset and railway are known collectively as the Five Wonders of Alishan. Among them, the 762 mm light railways, originally constructed for forestry tasks, run up steep slopes and make sharp turns, allowing passengers to admire the stunning view of the valley. For visitors, another allure of Alishan Forest Railway is the opportunity to see a diversity of vegetation in a short time: at Chiayi Station, which is right on the Tropic of Cancer with an elevation of 30 meters, tropical trees like the Chinese banyan and the betel tree are common; then, soon after leaving Dulishan Station, the train reaches 800 meters above sea level, where the Moso bamboo, alpine tea and other subtropical trees grow; finally, at Erwanping Station at an altitude of 2000 meters, temperate plants, such as *Pteris ensiformis*, *Osmunda japonica* and other ferns, become dominant.

# 世界第一的山岳鐵路

## 日本的土木工法結合美國製的蒸汽火車

二〇一六年七月之際，已登錄的世界遺產有一〇五二個，其中登錄了鐵路的有三個國家、共五個地方。

名列世界遺產的第一號鐵路，是一九九八年登錄的奧地利塞梅林鐵路；其次是一九九九年登錄的印度大吉嶺喜馬拉雅鐵路；接著是二〇〇五年登錄的印度尼吉里登山鐵路；到了二〇〇八年，印度的寇卡西姆拉鐵路與瑞士的雷蒂亞鐵路（阿爾布拉線與伯連納線）也被登錄了。

迎著雄壯的冰河，沿山岳地表繞行，最後一邊在大地上畫圓，一邊滑進了與義大利國境交界的車站，我一直認為這樣的雷蒂亞鐵路伯連納線，是世界第一的山岳鐵路——直到體驗了阿里山鐵路為止。

阿里山是臺灣最具代表性的觀光景點之一，也是國際知名的風景名勝。當地的神木、日出、雲海、晚霞和森林鐵路，被稱為「阿里山五奇」（五個奇觀）。

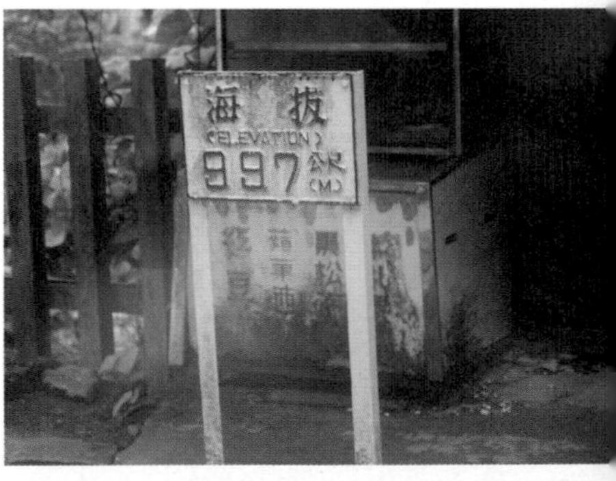

距嘉義34.9公里的交力坪站位在海拔997公尺處，從這裡開始就進入了亞熱帶地區。

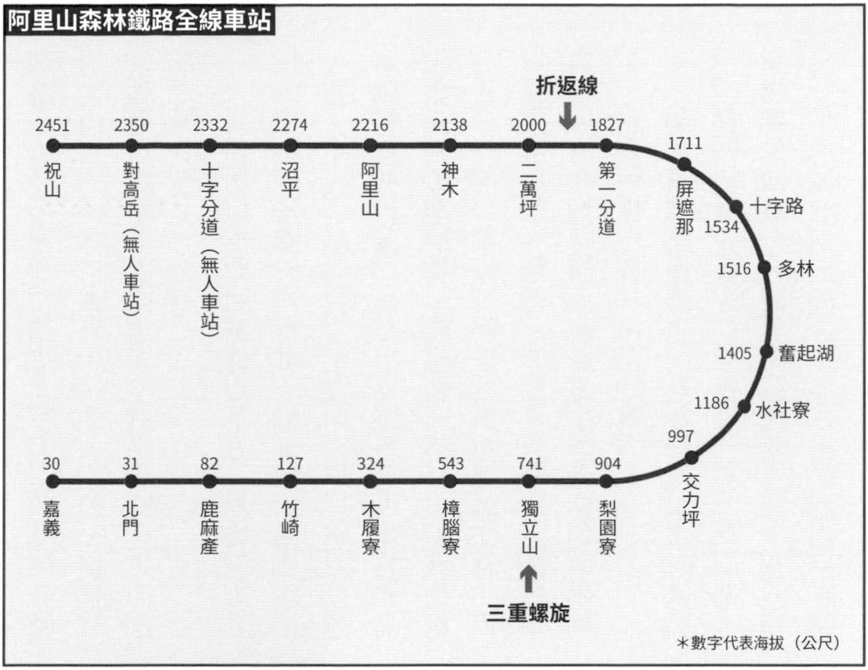

從祝山站上方的瞭望台可以遠眺自玉山方向升起的旭日。

穿越林間的鐵道旁鋪設了遊客步道。

阿里山森林鐵路在日治時代是規劃用來運送木材的，於一九〇六年動工，儘管是一項異常艱難的工程，但仍在一九一四年完成了嘉義站到沼之平站（現在的沼平站，是阿里山站的下一站）的七二・七公里路線。當時鋪設鐵路採用的是日本的土木技術，並引進了美國製的特殊蒸汽火車，從一九二〇年起開始載送旅客，直至今日（如今仍有柴油機車運行，蒸汽火車則只有特殊場合才會行駛）。

阿里山森林鐵路是軌距七六二公釐的輕便

鐵路，沿著山岳地表爬上陡峭的斜坡後急轉彎，山谷的絕景自窗外一一映入眼簾。從嘉義站到阿里山站，上山需要三個半小時，下山則約三個小時。

嘉義站位在北回歸線正下方，海拔三十公尺，車站周邊屬於熱帶林，細葉榕與檳榔樹很茂盛，不過一駛離獨立山站，很快就會抵達海拔八百公尺處，於是出現適合孟宗竹與高山茶生長的亞熱帶（暖溫帶）樹林，而在海拔二千公尺的二萬坪站附近則廣布著溫帶林，可以看到鳳尾草、蕨類、紫萁，以及巨大的日本扁柏。能在短時間內觀賞到生氣勃勃的植物分布，也是阿里山森林鐵路的魅力之一。

起點嘉義站與阿里山站（海拔二二一六公尺。現在的最高點為祝山線終點的祝山站，海拔為二四五一公尺）的高低差有二一八六公尺，平均坡度為千分之三〇（相對於水平距離一千公尺，垂直距離為三十公尺）以上，最大坡度則是千分之六二．五。此外，尚有四十七個隧道與七十二座橋梁，曲線半徑是和一般路面電車相同的四十公尺（官方資料為七十二個隧道、一一四座橋梁，本書中採用蘇昭旭先生於一九九九年七月的調查結果，最小半徑及最大坡度皆沿用蘇先生的資料）。

在與日本群馬的碓冰峠不相上下的陡坡上，有著媲美路面電車那連續急轉彎的軌道，而蒸汽火車就行駛其上。在百年前就能做到這種地步，實在很令人驚訝。這條奇蹟般充滿藝術性的鐵路，簡直就是「代表人類創意與天賦的名作」，完全符合世界遺產的登錄標準。

為了滿足各項條件以安全地爬上數個陡坡，阿里山森林鐵路集結了盤山展線、折返式路線、特殊的蒸汽火車等技術，不用說，引進的都是當時最高水準的技術（詳見後述）。

貼近山壁、行駛在陡峭斜坡上的小火車。

觀光列車全是對號座。雄壯的景色在列車兩側延伸開來。

此外，若單說行駛在高處的鐵路，雖有南美祕魯與玻利維亞的鐵路，以及中國超過海拔四千公尺的青藏鐵路，但像臺灣這麼小的島上如此特殊的鐵路，在世界上卻是絕無僅有的。

## 與世界各地的登山鐵路比較

話說回來，所謂的「鐵路」，原本就是火車在鐵製的軌道上以鐵製的車輪行駛，無法像汽車那樣爬上陡峭的斜坡。據說若由蒸汽火車拖拉著貨車或客車，一千公尺最多只能爬升三十五公尺（但若條件俱足，坡度也可能達到千分之八〇）。以下就來比較已經被登錄為世界遺產的其他鐵路以及阿里山鐵路，試著說明技術層面上有趣的地方。

### ①盤山展線（螺旋狀鐵路）

挖隧道、蓋橋墩以延伸水平距離，藉此緩和坡度。從上往下看，軌道呈圓形，所以稱為「盤山展線」。相較於印度大吉嶺喜馬拉雅鐵路的三處盤山展線、瑞士雷蒂亞鐵路伯連納線的一處，阿里山鐵路雖然也只有一處，但卻不只「繞一圈」，而是繞了三圈加上一次8字型迴旋。

夏依式蒸汽機車。一般蒸汽火車的動力活塞位在左右兩端的前方下部，但夏依式只有一處，位在行進方向的右側中央。

②折返式（Z 型鐵路）

將鐵道鋪設成折返的「Z 字型」，列車會在這裡改變行進方向，藉由行駛在髮夾彎上來緩和坡度。大吉嶺喜馬拉雅鐵路有六處折返線，相對於此，阿里山鐵路則有四處連續的折返線。

③齒軌式（齒軌鐵路）

在兩條鐵軌中央鋪設齒軌，與在車輛底盤設置的齒輪（傳動齒輪）嚙合以登上陡峭的斜坡。印度的尼吉里登山鐵路也採用齒軌鐵路。採用齒軌式時，還得下一番工夫在火車下方裝設齒輪。不過阿里山鐵路並未使用齒軌式。

④特殊構造的火車頭

大吉嶺喜馬拉雅鐵路是引進小型的蒸汽火車來應對所有急轉彎，阿里山森林鐵路則是使

| 鐵路名 | 全長 | 高低差 | 盤山展線 | 折返線 | 齒軌 | 特殊構造蒸汽火車 |
|---|---|---|---|---|---|---|
| 阿里山森林鐵路 | 77.6km | 2,451m | ○ | ○ |  | ○ |
| 塞梅林鐵路 | 41.8km | 460m |  |  |  |  |
| 大吉嶺喜馬拉雅鐵路 | 88km | 2,144m | ○ | ○ |  | ○ |
| 尼吉里登山鐵路 | 45.8km | 2,019m |  |  | ○ | ○ |
| 寇卡西姆拉鐵路 | 96km | 1,420m |  |  |  |  |
| 雷蒂亞鐵路 | 128km | 1,824m | ○ |  |  |  |

用「夏依式（SHAY）蒸汽機車」這種具備特殊動力結構的機種。

將①～④整理一下就如上表。

一開始我就說明過，阿里山森林鐵路是世界第一的山岳鐵路，這一點從這張表中也可以看出來。包括鐵道全長、高低差、採用的技術種類、蒸汽火車的特殊性在內，只要統合一下這些要素，就會知道沒有鐵路能超越阿里山森林鐵路。

片木裕一

**交通方式**

阿里山森林鐵路在 2009 年的「八八風災」時遭受了極大的破壞，甚至面臨全線停駛的窘境。儘管 2016 年之際，沼平往後的祝山線與嘉義～奮起湖區間有列車行駛，奮起湖～沼平間也在 2015 年 8 月宣布「年底復駛」，然而當年 9 月卻再度受到颱風侵襲而中斷，要等到全線通車還需要很長一段時間。

# 奮起湖地名由來與人氣便當

「奮起湖」這個地名的由來很有趣。這裡三面環山、中央平坦，很像臺語的「畚箕」，加上有盆地之意的「湖仔」一詞，一開始稱為「畚箕湖」。不過畚箕給人的印象不好，所以後來就改為有提振精神之意的諧音字「奮起」。

阿里山鐵路直到一九八〇年代都有蒸汽火車行駛，列車會在位居中點的奮起湖站補充水及煤炭。在這段時間內，乘客會稍事休息或吃點東西。當年很受民眾歡迎的「登山食堂」販售的「奮起湖便當」，就是現在便當的前身。

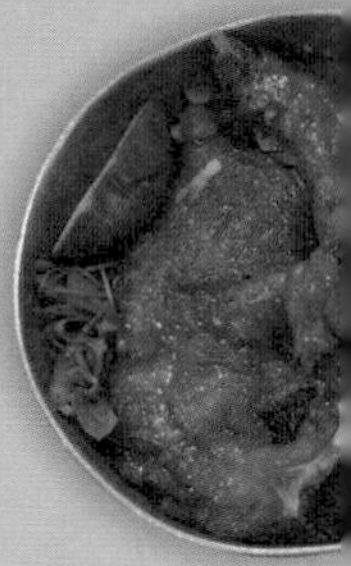

奮起湖便當。

「奮起湖便當」的菜色有當地的竹筍搭配滷蛋、招牌軟燒肉，以及用阿里山烏龍茶慢火燉煮的雞腿。和日本的山筍不同，這裡的竹筍口感很軟，偏重的調味十分下飯。以前我實在不喜歡吃竹筍，但託這個奮起湖便當的福，我現在可是徹底愛上了竹筍。

奮起湖站還靜態展示著構造獨特的「夏依式蒸汽機車」，也整理出了當時的設備與資料，鐵道迷去參觀的話一定會非常開心。出了奮起湖站，便是全臺海拔最高的老街，其中人氣便當、山葵、山菜、醬菜等特產琳瑯滿目，還有使用臺灣扁柏製成的木屐等。

現在阿里山鐵路的定期列車有一班是九點從嘉義發車，抵達奮起湖的時間為十一點半；回程則是下午兩點自奮起湖發車，約四點二十分抵達嘉義。這麼一來，就能在奮起湖停留兩個半小時，是非常適合輕鬆一日遊的行程。

（片木裕一）

奮起湖老街。

（左）阿里山的醬菜。
（右）阿里山的特產山葵。

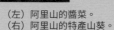

7/

# 臺鐵舊山線

（符合）世界遺產登錄標準 1 2

# Old Mountain Line Railway

最吸睛的景點「龍騰斷橋」（魚藤坪橋遺蹟），兼具橋梁當年的存在感與廢墟之美。

**全線通車** ▶ 1908年
**軌距** ▶ 1067公釐
**總長** ▶ 23.6公里（三義站～豐原站）
**站數** ▶ 4站
**最高點** ▶ 402.3公尺（勝興站）

During Japanese rule, one of the main concerns of the Government-General of Taiwan was the Western Trunk Line that linked Keelung to Kaohsiung. Between Sanyi and Fengyuan, construction was especially difficult during downpours. Therefore, bridges and tunnels were built to accommodate the rough terrain, making the section a great engineering feat. Of particular interest are the Yutengping Bridge and Shengxing Station. The former consisted of multiple brick arches and a steel truss and is the product of the state-of-the-art technology back then; the latter is the highest point of the Western Trunk Line and was built without a single nail. Unfortunately, an earthquake with a Richter magnitude of 7.1 hit Taichung in 1935 and destroyed seven of the tunnels and three of the bridges in this segment of the railway. Among them, the Yutengping Bridge was the most severely damaged. Later, the authorities had a new bridge built next to it, while the original one was left as it is and renamed Longteng Bridge after the village it is located. Nowadays, both the bridge's remains and Shengxing Station have become a popular historical landmark.

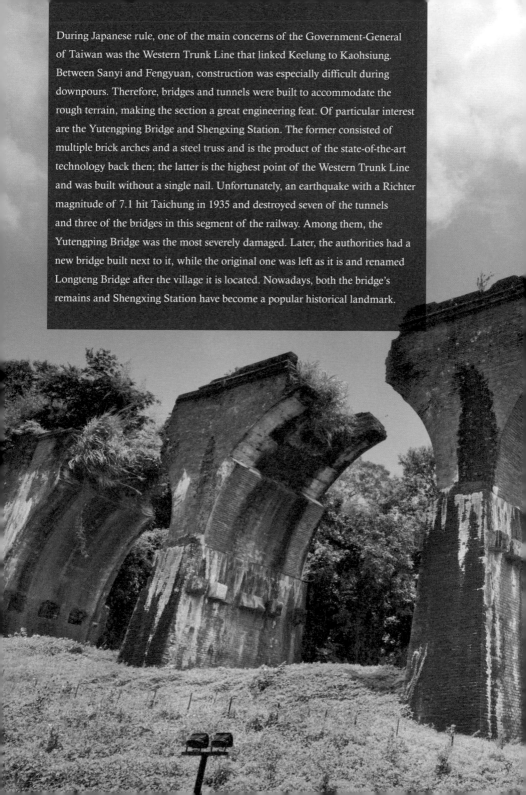

# 橋梁與隧道密布的景觀

## 大動脈的隘道

一九九〇年代後期，我從臺北前往臺中所搭乘的推拉式自強號，於竹南發車時比表定時間稍微慢了些才駛入被稱為「山線」的區間。過了三義，穿過第一個隧道後，就是臺灣標高最高的車站——勝興車站（標高四〇二．三公尺），在此會與上行列車交會。沒錯，從三義到后里的十五．九公里雖是臺灣的大動脈，卻是單線通行。而穿過下一個隧道後，左手邊就會看到一幅奇特的景象，那就是用紅磚建造

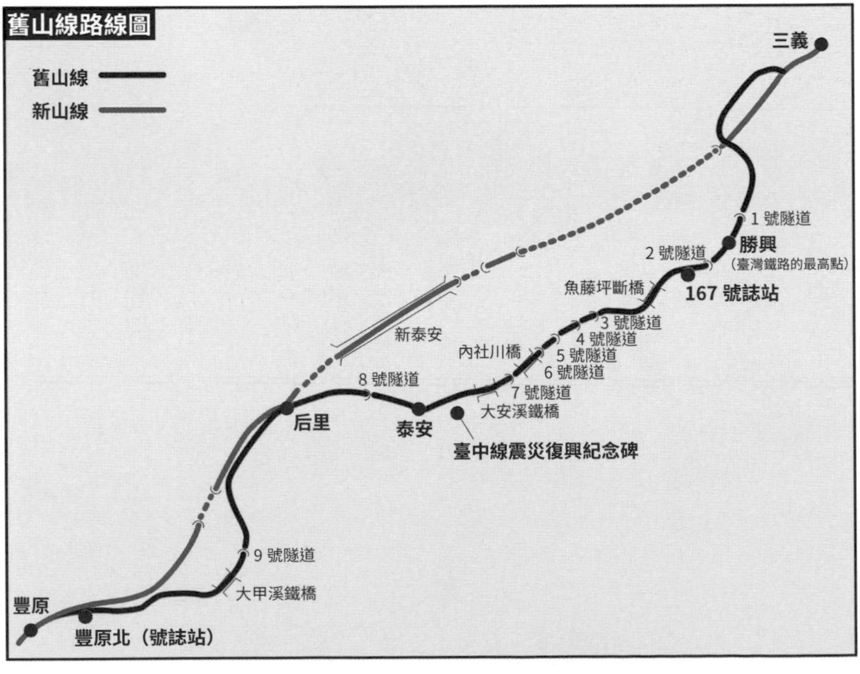

（右）掩沒在雜草間的舊日鐵軌。
（左）從三義站數來第二個隧道「2號隧道」。照片上看不到，但入口有後藤新平題字的「開天」匾額。

的橋墩殘骸。

一八九五年，臺灣成為了日本的領土。臺灣總督府的三大建設之一，就是從一八九九年開始打造從基隆經臺北、新竹、臺中、臺南到高雄（當時叫打狗）的縱貫鐵路。臺灣中央廣布著陡峭的山脈，相較之下，西部則有城市林立的寬闊平原，自清朝起便已鋪設基隆、臺北到新竹的鐵道，原本認為只要稍加改良就可望串連成縱貫鐵路，結果卻幾乎是投入了一項全新的工程。

這條縱貫鐵路當初是雙管齊下，同時從北部的基隆與南部的高雄開始建設，預定在臺中北部的豐原匯合，但最後卻遺留下三義到豐原區間。

這段區間到接近海岸的地帶都是

丘陵地，而且一旦下雨，包括大安溪在內，好幾條河川的橋墩工程就無法順利進行。若是像現在的「新山線」那樣一鼓作氣挖隧道穿過丘陵地帶就沒問題，但當時可是百年前的古早時代。

因此只能持續利用地形，有時是蓋橋墩，有時是挖隧道，出現陡坡時就用彎道拉開距離，緩和陡坡。結果使得三義到豐原區間匯集了當時的技術之大成，出現了「橋梁與隧道密布的景觀」。其中特別值得一提的是魚藤坪橋，將紅磚蓋成拱橋狀的基礎結構採用的是西方技術，加上堅固的鐵橋，堪稱土木工法的心血結晶。而臺灣標高最高的車站勝興車站，更是「沒有用到一根釘子、巧奪天工的建築」。這些都符合了世界遺產登錄標準第一項的「代表人類創意與天賦的名作」。

## 一九三五年的大地震

但一九三五年四月二日早上六點左右，臺中北部發生了芮氏規模七．一的大地震。

震央幾乎在距三義一三．六公里前的泰安站正下方，因此山線的災情慘重。三義到豐原區間有九個隧道與四座橋梁，其中有七座隧道、三座橋梁崩塌，尤其以魚藤坪橋受災最嚴重，甚至不知何時才能復原。然而，「沒有用到一根釘子、巧奪天工的」勝興車站竟未受到半點損害。

地震後，相關單位研擬了各種修復方法，最後決定在受損嚴重的魚藤坪橋旁鋪設新軌道，原有的其他山線則全力搶通，最終於一九三八年七月全線恢復通車。如此一來，不僅留下了「橋梁與隧道密布的景觀」，也保留了受損的魚藤坪橋（66～67頁）。

誠如一開頭寫到的，我歷經了千辛萬苦才親眼見到舊山線的魚藤坪斷橋，但很可惜的是，現在已經看不到這樣的景觀了。因為一九九八年九月開通了三義到新泰安站（設立在舊泰安站西北方約一公里處）的雙軌線「新山線」，這條線大半都已隧道化，所以過往的「舊山線」也就廢線了。鐵橋被拆除，橋墩則維持著當年受損的姿態，就這樣置身在自然群山的懷抱裡。

但就結果來說，卻誕生了獨一無二的景觀，也被認為符合世界遺產登錄標準的第二項「可藉由建築、科技、偉大藝術、城鎮規劃或景觀設計的發展，展現某一段時期或一世界文化區域內，重要人類價值觀的交流過程」。

那麼，一九九八年九月轉換成「新山線」後，廢線的「舊山線」怎麼樣了呢？

廢線約四年後，我造訪了魚藤坪橋的遺蹟。當時周遭杳無人煙，我不禁撫摸著橋墩，感慨至極。雖然臺灣的鐵道迷視這裡為聖地，但我直覺認定，這九個隧道、四座橋梁，以及標高最高、巧奪天工的「勝興車站」，絕對會成為吸引人潮的觀光資源！果然，二〇一〇年，臺灣鐵路局就在這裡舉辦了活動，安排蒸汽火車拖拉觀光列車行駛，當時從國內外湧進了大批的「臺灣鐵道迷」，媒體也大幅報導。

二〇〇四年，我受當地臺鐵退休友人之邀再次造訪，很驚訝當地已經完全發展為觀光景點。而「魚藤坪斷橋」則冠上了地名，改稱「龍騰斷橋」，勝興車站周邊的咖啡廳和土產店林立，沿路則大塞車。

到了二〇一七年，這輛觀光列車仍會不定期行駛，但我希望它還是能持續定期行駛。身為一個鐵道迷，但願能透過這樣的方式，讓這裡成為「世界遺產」，永遠保存下來。

最後附帶一則令人開心的消息。二〇一六年十二月，臺灣與擁有三項山岳鐵道世界遺產的印度，簽署了願為維護與管理鐵道遺產而共同努力的「鐵道遺產合作意向書」。

片木裕一

**交通方式**

儘管舊勝興車站已經發展為觀光景點，但仍沒有定期巴士等大眾運輸工具，只能搭計程車前往。距離最近的車站是三義站，從這裡包車出發的「龍騰斷橋與勝興車站半日遊」約需500元。不過三義站很小，有時車站前會沒有計程車，若想確保搭到車，不妨在自強號也會停的苗栗站搭車，但因為有一段距離，所以車資要花到1500元左右。

已經成為觀光景點的勝興車站附近也有老街。車站本身經過大地震洗禮，但仍保有完工當時的模樣。

8

# 樂生療養院

符合 世界遺產登錄標準 2 5

這珍貴的醫療建築仍保留著
昭和 5 年開院當時的氛圍。

**開院** ▶ 1930年
**用地面積** ▶ 約0.3平方公里

Founded in 1930, Lo-sheng Sanatorium was a testimony that the Japanese government chose to impose compulsory quarantine when tackling Hansen's Disease in Taiwan. Moreover, the establishment is a witness to the struggle the patients went through from before the war to the post-war period and an important cultural heritage in the history of medicine and human rights, giving later generations a lot of insightful messages. The old sanatorium has a history of close to a hundred years now. In 2002, the government decided to demolish a part of it for a metro depot, but the plan was met with public protest. To patients who had lived in the sanatorium since prior to the war, it was no different from taking their only shelter away. In 2005, the Association for the Preservation of Lo-sheng was founded. In 2007, student activists joined the movement to preserve the sanatorium. The movement would go on to have a great impact on Hawaii, the Philippines, Malaysia, Korea and Japan. After attracting wide press coverage, Lo-sheng Sanatorium was selected as one of the potential World Heritage Sites in Taiwan in 2010.

## Lo-sheng Sanatorium

# 放眼未來的漢生病療養院所舊院舍

**對日本人來說，這裡有著重要的歷史意義**

「樂生院」（現在稱為樂生療養院）設立於日治時代的一九三〇（昭和五）年，這裡訴說著人類與——讓人備受折磨的——漢生病奮戰的歷史。而要說起與日本的關係，此處則是殖民政府基於內地延長主義而將漢生病隔離政策強加於臺灣的歷史見證，也是回顧患者們活過戰前與戰後、艱苦奮鬥的人生之處，在醫療

1930年12月12日舉行的開院儀式紀念照。

（左）因捷運工程而遭毀的病患宿舍（喜一舍、貞德舍）。（右）2008年，在總統府前靜坐陳情的年輕人。（平田勝政收藏）

史與人權史上，更是能讓後世引以為鑑的重要文化遺產。

因此，樂生療養院與臺灣其他世界遺產潛力點不一樣，會被質疑身為負面遺產，其價值（潛在力量）能否被認識與共有。但正因為這裡是擁有重要歷史意義的潛力點，我們日本人才會比臺灣人更感興趣。

從臺北車站搭乘捷運，約四十分鐘就能抵達樂生療養院。近年來，臺灣把這項從前稱為「痲瘋病」及「癩病」的疾病，改稱為與英文"Hansen's Disease"發音相近的「漢生病」，且著手提升病患的人權和生活品質。也許是這些行動有了成果，樂生療養院院區並不會讓人感到晦暗陰森。

樂生療養院橫跨新北市與桃園市，占地約三十公頃，分為面對市區的迴龍院區（桃園市）與被蓊鬱森林環繞著的舊院區（新北市），迴龍院區內有著新蓋的現代化醫療大樓，自願移居的過往患者及留有嚴重後遺症的病友都住在這裡。

舊院區（漢生園區，即療養院區）則有名列世界遺產潛力點的主要建築物，走過鋪設在占地內的樂生橋就會進入舊院區。由於捷運工程的影響，占地面積被削減了不少，但日治時代的日式房屋依舊矗立在樹縫的光影中。習於在這裡生活的過往患者在各式各樣的援助下，至今仍相依為命。

曾罹患漢生病的張文賓先生於十多歲時發病，生前居住在樂生療養院，站在保存運動與導覽的第一線。

舊院區中保存了黑色屋瓦的10坪大房舍，建於日治時代，沿用至今。

## 保存運動與支援院民

樂生院開始受到人們的關注是在二〇〇二年的時候。這一年有消息指出，政府要拆毀一部分的舊院區來興建捷運機廠，看在戰前就住在樂生院的年長病友眼裡，這等同於要剝奪他們最後的容身之處。部分民眾認為院民的生活遭受到這樣的威脅是關乎人權的問題，因此挺身而出，開始針對政府以及捷運公司展開抗議活動。

二〇〇五年，「樂生保留自救會」成立，開始爭取保存樂生療養院舊院區，並籌劃將其登錄為世界遺產，主張樂生療養院適用於聯合國教科文組織（UNESCO）登錄標準的第二項與第五項，無疑有躋身世界遺產的價值。

到了二〇〇七年，也有學生加入守護樂生院的運動（樂生保留運動），支援高齡的院民。媒體大幅報導了學生們的運動，樂生療養院最終在二〇〇九年入選為臺灣的世界遺產潛力點之一。

臺灣這項圍繞著樂生療養院議題的行動，也帶給夏威夷、菲律賓、馬來西亞、韓國、日本等地很大的影響。前病友與民眾團結一致，訴求保存樂生療養院，甚至進一步使其列入世界遺產潛力點，帶給各國相關人士極大的勇氣與感動。

二〇〇四年起，「笹川紀念保健協力財團」接受「日本財團」的補助，在網路上將各國醫療、人權專家與社會運動家串連起來，在跨國的合作下，為了推動漢生病的歷史成為全人類的世界遺產而積極奔走。此外，二〇一三年時，日本國內瀕臨瀨戶內海的三所國立療養所也共同成立了世界遺產登錄準備會。

本館中庭所保留的大風子樹，果實可以精製出大風子油做為漢生病的治療藥。

就像這樣，目前以各國的市民團體為核心，積極舉辦國際會議、展開交流，在跨國合作的基礎上，推動療養院所的保存與世界遺產的登錄。

另一方面，我們也必須正視樂生療養院面臨的嚴峻現狀。雖然現存的建築物中，雙愛舍、嘉義舍等珍貴的十坪大舊院舍狀態堪稱良好，但呈王字型的本館、七星舍、大屯舍、高雄舍等建物則嚴重受損，其他廢棄的房舍也是一樣。且介紹樂生院時往往會提及的代表性建築

——一九三〇年開院當時建設的本館，因捷運工程而被拆除也引發了爭議，要保存、修復當年的樂生院所費不貲，目前卻都還沒有看到具體的計畫。

即便如此，為了實現登錄為世界遺產的目標所付出的努力仍是有意義的。在這條路上，但願我們不忘多年來歧視、迫害與排擠漢生病友的歷史，能與病友共生、尊重他們的人權，以人道主義來開拓更加美好的未來。

希望對這樣的理想有所共鳴的人，務必前去關心樂生院的現況。身為支持樂生院登錄世界遺產的一份子，但願我今後也有機會略盡棉薄之力。

平田勝政

**交通方式**

從臺北捷運中和新蘆線的終點站「迴龍」站步行 10 分鐘即可抵達。

焦點話題

## 參觀時謹守禮節

參觀樂生院的舊院區並不需要特別申請，但考量到那是前病友們生活的地方，也是見證醫療史與人權史的醫療設施，因此希望大家參觀時能保持禮貌，不要帶給院民困擾。

此外，之後若有機會再參觀位在日本東村山市的國立漢生病資料館等，彼此互相參照，想必能成為更加珍貴的體驗。

（平野久美子）

9

# 水金九礦業遺址

符合 世界遺產登錄標準 2 5

水湳洞
金瓜石
九份

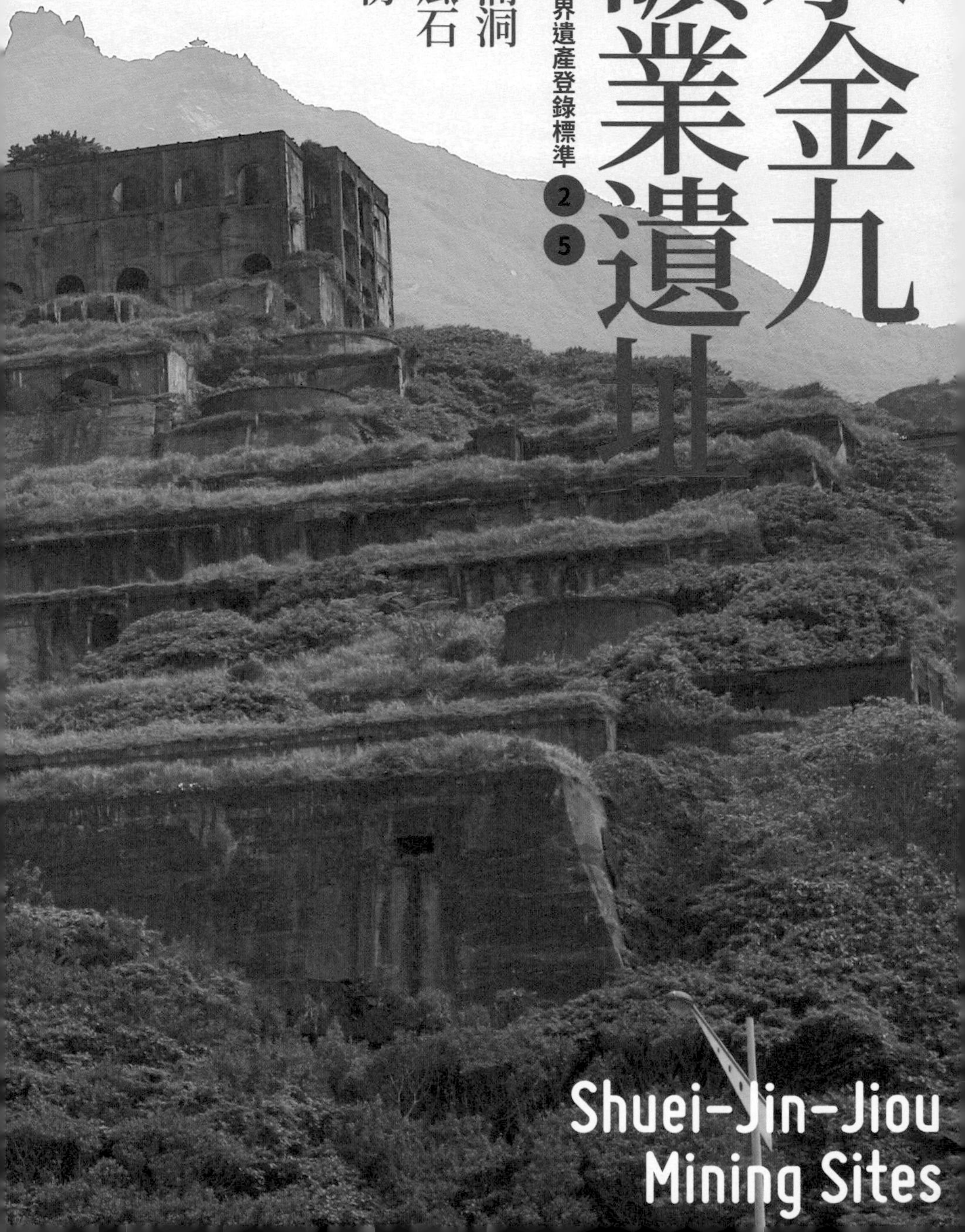

# Shuei-Jin-Jiou Mining Sites

水滴洞選煉廠（十三層）遺址，感覺像是會出現在科幻電影中的異世界。

——

**總面積** ▶ 約70平方公里
**採礦年份** ▶ 1892年～1992年

Shuei-Jin-Jiou Mining Sites refers to three popular tourist attractions in greater Taipei: Shuinandong, Jinguashi and Jiufen. In the region are former gold, silver and copper mines that began operations in the late 19th century. Although long fallen into decline, the mining sites seem to be frozen in time standing on the outskirts of Taipei. Located in Ruifang District, New Taipei City, Jinguashi grew into a settlement after workmen accidentally discovered flakes of gold in the Keelung River while constructing the Taipei-Keelung railway in 1890. The Qing and Japanese governments ran the mines successively. At its peak, the annual production is said to be number one in East Asia with 2.6 tons of gold, 15 tons of silver and 11,000 tons of copper. However, due to the exhaustion of the resources, the drop in copper price and the environmental issues after the war, the mines were eventually shut down in 1990. The Shuinandong Smelter, the Crown Prince Chalet, the Japanese dormitories, and the remains of the Jinguashi Shrine are well-preserved though, so people can still pay their respect to the (then) most prolific mines in the East.

# 對臺日近代化卓有貢獻的金谷銅山

## 清朝與日本都曾開發的東亞第一礦山

許多造訪臺北的觀光客都會前往的熱門景點九份，以及九份東邊的金瓜石與水湳洞合起來的礦山遺址，屬於臺灣世界遺產潛力點中的文化遺產之一，是國際文化紀念物與歷史場所委員會（ＩＣＯＭＯＳ）委員口中「屬於產業遺產中質與量等級最高的」，也符合世界遺產登錄標準的「可藉由建築、科技、偉大藝術、城

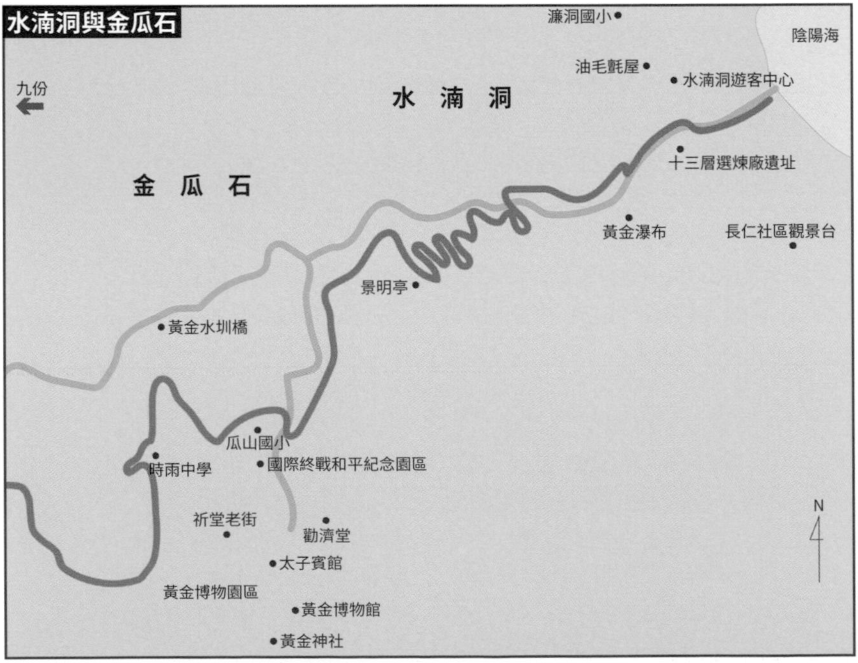

（上）在1971年以前還是礦山城的九份現今熱鬧的景象。
（下）日治時代的日本職員宿舍，紅磚黑瓦的對比十分美麗。內部經過整修，可供參觀。

鎮規劃或景觀設計的發展，展現某一段時期或一世界文化區域內，重要人類價值觀的交流過程」（第二項），以及「傳統人類居住、土地利用或海洋利用的顯著典範，代表了一種文化（或多種文化）或人類與環境的互動關係」（第五項）。從十九世紀末開始運作的金、銀、銅採礦場，仍維持著當年的模樣保存在臺北大都會近郊，這件事本身就近乎奇蹟了。

海水的顏色分為土黃色與藍色的「陰陽海」。因為黃鐵礦在水中分解出鐵離子，導致海水變成土黃色。

金瓜石聚落位在新北市瑞芳鎮，是於一八九〇（光緒十六）年進行連結基隆與臺北的鐵路工程時，偶然在基隆河發現砂金而誕生。清朝政府於一八九二（光緒十八）年在基隆設置了金砂總局，但因甲午戰敗，最後於一八九五（明治二十八）年將臺灣割讓給日本。而積極經營殖民地的日本政府馬上就著手調查礦脈，將瑞芳與九份的礦權交給藤田組，金瓜石的礦權則交給田中組。進入大正時代後，藤田組同時還經營著島根縣的大森銅山（石見銀山的一部分），所以派遣了技術人員及管理人員等人才前往瑞芳山。只是他們雖想更進一步開發，卻得不到預想中的成果，因此撤出了瑞芳與九份等地，而承租藤田組經營權的，就是現在活躍於日本的一青妙與一青窈姊妹的曾祖父顏雲年所創辦的臺灣企業「雲泉商會」（後來的臺陽礦業）。顏家經營九份的礦山大獲成功，後來成為臺灣五大家族之一，採礦的作業則持續到一九七一年為止。

另一方面，經營金瓜石礦山的母公司則換了好幾家，一九三〇年代的經營者是「日本礦業」（股份有限公司）的臺灣法人「臺灣礦業」（股份有限公司）。顛峰時期的年產量是金二．六噸、銀十五噸、銅一萬一千噸，規模號稱東亞第一。第二次世界大戰時曾從新加坡送來許多英國俘虜，在極為嚴苛的條件下被要求增加產量。一九四五年日本戰敗，金瓜石礦山這項日產（日本統治時代的財產）被國民黨接收，自一九五二年起重操舊業，但因為礦脈枯竭及國際銅價下滑，加上環境汙染等問題，最終在一九九〇年正式決定封山。

## 礦山城所保留的日本相關建築

雖是春天，陽光依然刺眼，在這樣的日子裡，我再度造訪了金瓜石聚落。我先在臺北郊區沿臺二線前往基隆，來到了緊臨北部濱海公路的水湳洞。這裡的選礦製煉廠（十三層遺址）建在高低參差的丘陵上，於一九三三（昭和八）年落成，現今則像是會出現在科幻電影中的廢墟般。我接著從這裡前往展望台，這一帶在太平洋戰爭末期美軍空襲臺灣時倖免於難，至今仍有人居住在深山裡的礦工宿舍。和失去生活痕跡、已成廢墟的長崎縣「端島炭礦遺址」（通稱軍艦島）不同，這裡仍有人居住，因此獲得了專家極高的肯定。

父子兩代都在採礦場工作的陳石成先生（當時八十歲）為我導覽了黃金博物園區。他的父親自戰前到一九六七年為止都在此工作，他則追隨著父親的腳步進入礦業公司，長年在坑道中所鍛鍊出來的體魄很強健，古銅色的肌膚宛如皮革一般。

「日本人的宿舍在東側，還保留著以前的樣子，讓人很懷念呢。」

一部分日本人宿舍經修復，可以參觀室內，偶爾也會有在戰前曾與父母一起居住在這裡的日本人回來造訪。

至於二〇〇四年開館的黃金博物館，目的在保存礦業遺產並進行相關的研究調查，可說是不容錯過的景點。館內展示著田中組經營的時期所挖掘的部分坑道（約一八〇公尺），以及重達二二〇．三公斤的金塊。從展示內容可以看出，金瓜石的礦產曾外銷至全球各地，獲得珍貴的外匯收入，臺灣的礦山在某段時期也擔負了日本產業現代化的任務，與世界各國互

金瓜石神社建於二戰前，現在的模樣則宛如古羅馬廣場。

相競爭。

儘管黃金博物館占地很廣，引人入勝的地方也很多，但當年昭和天皇以攝政宮身分行幸臺灣之際，用檜木建造的行宮「太子賓館」同樣饒具趣味。從寬廣的和風庭園正門繞到後面去，有一座為了喜歡高爾夫的攝政宮而打造的小型推桿練習場，相當別致而引人注目，表現出當時號稱「金山王」的礦山業主最誠摯的款待心意。

更往山裡走，就會抵達海拔五〇五公尺的山頂。從一九三三年建立的金瓜石山神社遺蹟遠眺，景色非常漂亮，宛如開展出北臨太平洋、三面環山、占地約七十平方公里的礦山聚落（水湍洞、金瓜石、九份）立體模型，也能隱約看見礦車、索道（鋼纜索道）、纜車等，遺留在各礦山到裝運發貨的基隆港之間的搬運系統。如今似乎也正在評估是否要重新啟用這樣的設施。

一邊清晰地眺望著過去號稱東洋第一的礦山遺蹟，一邊深呼吸，接著緩緩下山，而為我送行的，是舊參道上盛開的染井吉野櫻，聽說這是日本相關人士祈願雙方友誼長存的贈禮。

平野久美子

**交通方式**

可在臺北的捷運忠孝復興站（2 號出口）前搭乘基隆客運，經由瑞芳，到終點站「金瓜石」下車，這裡也有公車可以搭到九份。而從臺北車站搭臺鐵到瑞芳站後，換乘計程車到九份約 15 分鐘，到金瓜石則約 25 分鐘。

金瓜石的黃金博物館網址：https://www.gep.ntpc.gov.tw/，門票 80 元，開館時間為平日 9：30 ～ 17：00（售票時間到 16：30）、假日 9：30 ～ 18：00（售票時間到 17：30），每月第一個週一公休。此外坑道體驗的費用是 50 元，淘金體驗則是 100 元。

焦點話題

## 薑汁豆花與礦工茶

這座礦山城市有兩款特有的甜品。一款是作業員進入悶熱坑道前及離開坑道後喜歡吃的「薑汁豆花」。冰涼的豆花漂浮在加入大量薑汁的糖水裡，堪稱無可挑剔的美味。生薑能暖身，舒暢的刺激會讓人精神一振，很適合跟涼品一起享用。

而另一款則是礦工會帶入坑道內的「礦工茶」。這款青草茶加入了薄荷及類似羅勒的七層塔等草藥，讓人真想一邊喝茶潤喉，一邊懷想過去。

（平野久美子）

10/

# 烏山頭水庫及嘉南大圳

符合 世界遺產登錄標準 1 4

# Wushantou Reservoir and Jianan Irrigation Waterways

聽得到鳥叫聲的廣闊水面，是人工的生態學水庫。

——

**高** ▶ 56公尺
**長** ▶ 1273公尺
**底部寬** ▶ 303公尺
**頂部寬** ▶ 9公尺
**有效儲水量** ▶ 1億5千萬噸
**灌溉面積** ▶ 15萬公頃
**水路總長** ▶ 1萬6千公里
*上述為完工時的資料

More than 90 years ago, hydraulic engineer Yoichi Hatta completed Wushantou Reservoir and Jianan Irrigation Waterways. It was a hydraulic engineering feat of the time, bringing abundant water to the barren land in western Taiwan that had suffered flood, drought and salinization and transforming it into fertile farmland that benefits farmers in Chiayi and Tainan even today. Wushantou Reservoir is 56 meters high, 1273 meters long, 303 meters wide at the bottom and 9 meters wide at the top, with a storage capacity of 150,000 $dam^3$ of water. It was the largest dam in the world until Hoover Dam in the U.S was completed in 1936. As for Jianan Irrigation Waterways, its irrigated area covers 150,000 hectares – 60,000 of that amount is directly watered by the Zhuoshui River while the rest 90,000 is supported by Wushantou Reservoir. Overlooking the Jianan Plain from above, one can see the vast network of 10,000-km feeder canals and 6000-km drainage canals. To commemorate Yoichi Hatta and his work, locals erected a statue of him and offer sacrifices on his deathday every year.

# 活用廣大農耕地帶的生態學水庫

## 八田與一的偉業

在臺灣，最廣為人知的日本人，大概就是水利技師八田與一（一八八六～一九四二），因為他讓中部的嘉南平原搖身變成了農耕地帶。距今約九十年前的一九三〇（昭和五）年完工的烏山頭水庫與嘉南大圳就是在八田的擘劃下打造的，至今仍不斷送水到田間，持續嘉惠農民。

烏山頭水庫一帶現在已經整頓為自然公園，大家不妨走訪看看。在公園的入口搭計程車到堰堤北側的「烏山頭湖境渡假會館」（舊名西拉雅渡假村）下車，眼前便是廣大的人造湖，由於與周圍的大自然融為一體，所以看起來與天然湖泊沒有兩樣。從上空往下看，湖泊的形狀就像在堰堤上舒展開來的珊瑚，所以稱為「珊瑚潭」。經過堰堤朝南方走去，展示著當年比利時製的十噸蒸汽火車，以及用於水路上的大型閘門。再往南走，就會看見在施工過

（上）修復後的甲種官舍。
（下）湖泊的形狀就像珊瑚一般。

程中亡故的一三四名同仁的殉工碑，不分臺灣人還是日本人，上頭按犧牲的順序刻上了死者的名字，也請各位務必去看看。從殉工碑再往下走，則有「八田與一紀念館」。

在綠草如茵的堰堤上散步，就會徹底明白烏山頭水庫的優點。高五十六公尺、長一二七三公尺，底部寬三〇三公尺，頂部寬則有九公尺，有效總蓄水量為一億五千萬噸，直到一九三六年美國的胡佛水壩建成為止，都是全球規模最大的水庫。此外烏山頭水庫只在堰堤中心使用了〇．五％的水泥，其餘大部分都是用黏土、淤泥、泥沙、小石頭、大礫石等自然界的泥土砂石構築而成，採用了「半水成填充式工法」。

嘉南大圳的灌溉面積達十五萬公頃，這片原野過去深受洪水、乾旱與鹽害所苦，是不折不扣的不毛之地，如今則遍布農業用水。其中

如今的舊送水口。上部有4孔，下部則有2孔（照片中是隱藏在水面下）。採用半水成填充式工法，用這個貯水池來調節水勢。

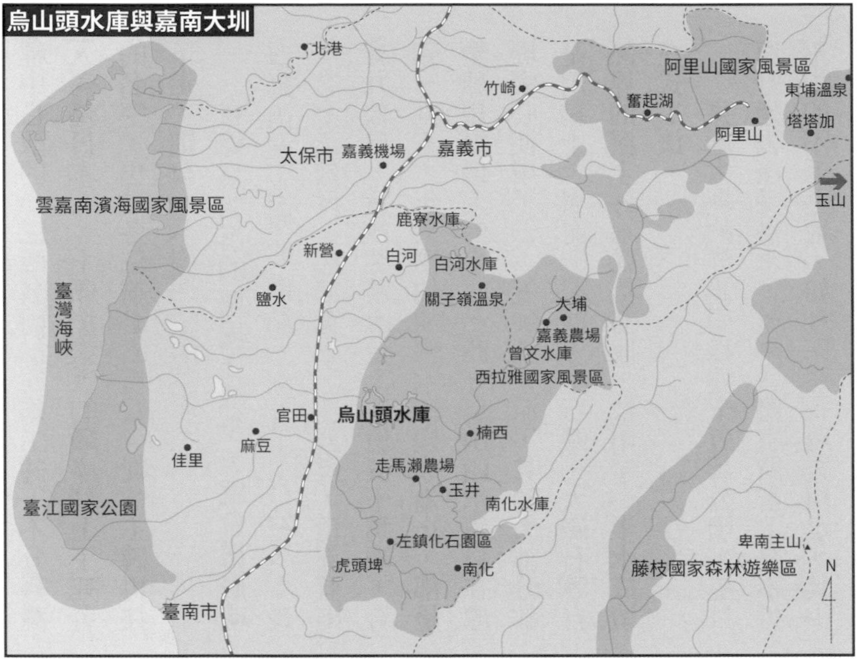


直接引自濁水溪的灌溉面積有六萬公頃，剩下的九萬公頃則運用攔截了官田溪所打造的烏山頭水庫儲水，此外還在海拔四六八公尺的烏山嶺上挖鑿了三．一二公里的隧道，從曾文溪引水。自上空眺望嘉南平原，總長一萬公里的給水路與六千公里的排水路，宛如網格般縱橫交錯。

## 劃時代的水利系統

八田與一所指揮的這項大型土木工程稱為「嘉南大圳工程」，對當時的日本政府來說是最大型的建設計畫，但地點卻是瘧疾等地方性流行病猖獗的荒野。八田在此建造了六十八棟宿舍，讓工程人員能與家人們同住，不僅如此，他還整建了醫院、學校、公共浴場、休閒俱樂部、運動設施等，甚至還有現在所謂的超

（右）修復後的八田書房。（左上）在宿舍前拍攝的八田全家福，時為大正15年左右。（左下）烏山頭水庫剖面圖。

級市場。

因為他認為「一項好的工程是要能讓工程人員安心工作的。而要安心工作，就需要家人的陪伴」。八田一家過去居住的宿舍被修復為紀念園區，園區內的解說牌上記載著他對於這耗時十年的艱難工程所下的決心——只要到達無我的境地，一切就無所畏懼。

嘉南大圳還採用了另一個劃時代的水利系統。事實上在當初的計畫中，水量並不足以一次性地供給十五萬公頃的土地，於是八田採取了三年輪作供水法來解決這道難題。也就是劃分十五萬公頃的農地成三份，分別為稻作區、蔗作區，以及種蔬菜等的雜作區。第一年的四月供水給稻作區、十月供水給蔗作區，雜作區則視需要供水，公平地將嘉南大圳的惠澤供給嘉南平原的所有農民，這樣的考量表現出八田重視人道的體貼更甚於自己技師的身分。

## 「八田技師對我們來說就像守護神一樣」

一九四二（昭和十七）年，八田奉陸軍的命令前往菲律賓進行灌溉調查，船艦在途中被美軍擊沉，於長崎縣的五島列島海域殉職。

工程人員在八田生前就說服他製作了銅像（依據他的希望，採坐在地上思考的姿態），他去世後隔年，也就是一九四三（昭和十八）年，這座銅像在政府頒布〈金屬類回收令〉之際消失了蹤影，但到了戰後卻又奇蹟似地在臺南市被發現。只是銅像雖然被運回烏山頭，政府卻遲遲未准許設置，無視嘉南地區的農民二度申請移置銅像的請求，農民們於是將銅像翻模後藏起來，最後才終於放回原本的地方——這已經是一九八一（昭和五十六）年的事了。嘉南農田水利會的成員表示：「八田技師對我們來說就是守護神。」他們細心地維護銅像，且在每年八田技師的忌日時祭拜。

十幾年前，當時的臺南縣開始推動世界遺產潛力點的登錄運動，也有許多日本的支持者參加連署活動，最後在二〇〇九年入選文化資產局的潛力點，推舉的理由為世界遺產登錄標準第一項的「代表人類創意與天賦的名作」，以及第四項的「是一建築物類型、建築或技術綜合體，或景觀的顯著典範，訴說人類歷史中的重要階段」。烏山頭水庫擁有與自然融和之美，且並未破壞環境，還徹底發揮了功能，造福人群，確實足以成為世界文化遺產。

古川勝三

位在送水口上方的「八田技師紀念室」。

感念八田與一功績的人們再次設置的八田銅像，後方是八田和妻子外代樹的墓地。

**交通方式**

從臺北搭乘高鐵前往嘉義或臺南，在車站前換搭計程車，不論從哪一邊都約40分即可抵達。



## 造訪臺灣首屈一指的綜合博物館

希望大家前往烏山頭水庫參觀的回程，務必造訪矗立在臺南市文華路上的「奇美博物館」，這裡展示著知名企業家與親日人士許文龍先生的龐大收藏。在白色牆面的殿堂中，展示著日治時期的偉人胸像，包括民政長官後藤新平、臺南市長羽鳥又男、水利技師鳥居信平等，同時也有八田與一的胸像。二〇一五年改裝完工的博物館中，絕大多數是西洋繪畫、雕刻、古典樂器、武器以及自然史相關的展品，琳瑯滿目。此外三樓是餐廳，一樓則有商店。

從烏山頭水庫或臺南車站搭乘計程車，三十分鐘左右即可抵達；若從臺南車站搭乘臺鐵，則可在「保安」站下車，徒步十五分鐘。至於開館時間為早上九點半到下午五點半，每星期三休館，票價二百元（學生及六十五歲以上的長者則為一五〇元）。

（平野久美子）

11

# 桃園台地陂塘

符合世界遺產登錄標準 5

# Taoyuan Tableland Mesa and Pond

桃園台地上散布著無數的集水池。

Taoyuan International Airport is the gateway to Taiwan. When a plane is landing here, passengers can see a lot of ponds scattered throughout the surrounding fields like shards of glass. About three hundred ponds are linked with rice paddies by the canal network, creating a fertile and biodiverse paradise. As early as the 18th century, plains indigenous peoples and the Han Chinese began to build ponds of various sizes on Taoyuan Tableland. For a time, a record high was reached with 8864 ponds that covered a total of 89.9 million square meters. During Japanese rule, the Government-General of Taiwan formulated an irrigation system to store water with canals and direct rainwater from the upper reaches, dramatically increasing the storage capacity in the area. Large-scale stormwater canals were also constructed and the network of waterways became so far and wide that it was able to irrigate 22,000 hectares of land and turn them into fertile fields. It was no doubt an innovation to expand the storage capacity by making use of ponds instead of reservoirs.

# 藉由集水池連結的人、自然與文化

**從桃園機場起降的飛機上就能看到**

桃園國際機場是臺灣的玄關之一，當飛抵機場的飛機開始降落時，眼下便會看到廣闊的矩形田地中散布著如鏡子碎片般的集水池（陂塘／埤塘）。三百口陂塘一個個藉由水渠與農田連結起來，形成了交錯的網絡，打造出富饒的農村與多樣的生物樂園。那個當下想必有人會跟我一樣，一邊眺望著波光粼粼的銀藍色水

面，一邊不禁感嘆著「終於到臺灣了」。

在隆起如扇形的桃園台地上，早從十八世紀起，平埔族與漢人就建造了大大小小、各式各樣的陂塘。一七四一（乾隆六）年與一七四八（乾隆十三）年則分別首次挖鑿了正式的陂塘「霄裡大池」與「龍潭大池」。清代後期，來自對岸福建省及廣東省的開拓先民陸續到來，利用地形高低差來建造陂塘的情況達至鼎盛，數量與密度也年年增高。根據記載，最盛時期的陂塘數量有八八六四口，總面積達八九九〇公頃。

為什麼需要這麼多的集水池呢？因為桃園台地有高低起伏，流經的河川都很短，就連比較長的大漢溪也在中途改道，往北邊與其他支流匯合，所以當地深受慢性缺水所苦。

另一方面，陂塘蓄水靠的是雨水，因此經常會面臨乾涸的危機，不僅造成農作物的

陂塘蓄滿了水，儼然成為當地居民的綠洲，也有很多知名的賞鳥景點。

損害，還會因日照而破壞生態系，對開拓移民也會產生很大的影響。所以臺灣總督府自一九一六（大正五）年起實施了灌溉工程，除了貯存經過幹渠與支渠的水，也收集了在上游降下的雨水與河水，使蓄水量大幅增加，又因此重新大規模整編了陂塘的給水路。而主要負責測量與調查的，便是臺灣總督府土木局的八田與一技師（參照〈10烏山頭水庫及嘉南大圳〉），至於設計與監督則是以狩野三郎為中心的一群年輕技術員。

首先在大漢溪上游的石門峽谷（現在的石門水庫）左岸設置取水口，並從石門新設了長達二十五公里的導水路，再延伸出總長一六六公里的暗渠與明渠（其中十四．六公里分屬七個隧道），讓水路網遍布開來。當時為串連這些給水路而調整的陂塘多達二三一口。

此外，還墊高了陂塘的堤岸以增加蓄水量，由於河川與降雨可以源源不絕地供水，嘉惠了二萬二千公頃的土地，變成豐收的良田。一九二八（昭和三）年，所有的工程告一段落，總工程費為七百七十萬四千多日圓。不仰仗大型水庫而活用大小陂塘來提升蓄水量，就當時來說堪稱劃時代的作法。

## 因為工業化與人口增加而轉眼消失的陂塘

桃園大圳自竣工以來已經過了九十多年，潤澤了為數眾多的農地。一九六二年，蓄水量超過三億噸的石門水庫完工，並建造了石門大圳後，改善了桃園台地的供水情形。

到了一九八〇年代後，工業化的浪潮與急遽增加的人口使得陂塘的景觀轉眼消失。然而，陂塘不只運用在農業及日常生活，還孕育著魚類、鳥類、兩棲類及水生植物的生命，打造出伴隨著水神信仰的獨特陂塘文化。由於重新體認到陂塘的這些功能，近年來，當地興起了守護獨特文化與多樣生物棲息地的運動。

二〇〇九年，桃園陂塘入選世界文化遺產潛力點，可說是熱愛這片鄉土的人們滿懷著熱情推動的成果，就這一點來說，十分符合世界遺產登錄標準中的「代表了人類與環境互動關係的顯著典範」（第五項）。

古川勝三

**交通方式**

要參觀位在桃園台地的幾口陂塘，從臺北車站搭乘臺鐵就很方便。最古老的霄裡大池與八德陂塘生態公園是在中壢站或埔心站轉搭公車，於平鎮下車，此外從臺北搭客運也可以直達龍潭大池（在龍潭下車）。若要自行開車，可以走西濱快速道路前往知名的賞鳥景點頭寮大池。

桃園的灌溉系統利用了集水池，是徹底活用大自然的設計發想結晶。

# 從高鐵桃園站步行就能抵達的陂塘

桃園陂塘的分布非常廣，所以出發前最好先決定要去參觀哪幾口。自行開車的話，就能邊兜風邊沿路參觀，雖然這樣最方便，但我還是推薦大家從最近的車站租腳踏車觀光，或是在適合步行參觀的區域邊散步邊觀光。對一般遊客來說，交通最方便的是從高鐵桃園站步行一公里就能抵達的「青塘園」，只要安排兩個半小時到三個小時的行程，便能享受令人通體舒暢的健行活動。

從桃園站前的高鐵南路（國道31號）往南走約一公里，就會來到這座以陂塘為主的親水公園，可以一邊觀察池畔的動植物，一邊沿著池塘散步。「青塘園」裡種植了二十五種萍蓬草，在初夏一起綻放時，往往吸引許多觀光客前來。這裡離老街溪河岸公園只有五百公尺，因此也可以在白鷺與水鳥成群飛翔的河邊悠閒漫步。

在高鐵站前的紅綠燈右轉直走，就會來到經營酪農與觀光的寶聰牧場。受惠於陂塘，牧場裡的荷斯登牛所生產的牛奶很好喝。而來到這裡，也別忘了品嚐桃園地區道地的客家菜。

（平野久美子）

第3章

# 一窺臺灣的精神世界

全臺各地都有著能一窺臺灣多重歷史與精神世界、
卓越出色的自然遺產、文化遺產與複合遺產潛力點。
愈是了解本章的七個潛力點，就愈清楚
臺灣其實擁有獨特的歷史與文化，叫人打從心底感動。
不論是哪一處，都會讓人想吶喊：「我從沒見過這樣的臺灣！」
也不禁令人想立刻出發前往一探究竟。

# 12 卑南遺址與都蘭山

符合 世界遺產登錄標準 3 6

# Beinan Site and Mt. Dulan

In 1980, numerous slate coffins were unearthed when construction work to build a new station for the South-link Line took place in Beinan, Taitung. Astonished, the county government suspended all operations at once and recruited a group of archaeologists from National Taiwan University to investigate the matter. In the end, 1500 slate coffins were excavated from as far as the foot of Mt. Dulan, making it one of the largest burial sites on the Pacific Rim. What's more, remains of settlements facing the sacred mountain of Dulan were also discovered, along with more than ten thousand pieces of everyday items, such as stone axes, fishing tools and pottery, and finely-designed accessories like earrings, pendants and bracelets. Dated between 5300 and 2300 BC in the Neolithic period, the Beinan Site holds a trove of unsolved riddles from prehistoric times. Together with Mt. Dulan, it is filled with romance and mystery in the eyes of ethnologists and archaeologists and plays an important role in determining Taiwan's ethnic composition.

巍然矗立的月形石柱，宛如守護、敬畏著屹立不搖的藍灰色都蘭山（日治時代稱為「臺東富士」）。臺東車站就位在這座山丘的山腳下。

# 爲古代史的奧祕而激昂

## 在挖掘現場出土的石板棺

想要造訪位在臺東縣的卑南遺址，就要從臺北車站搭乘「普悠瑪」列車。沿途景色開闊，翠綠的群山與湛藍的太平洋無止盡地延伸，和行駛在島嶼西部的高鐵所看到的截然不同。鐵道沿線散布著的城鎮風光取代了工業區及高樓大廈，讓人徹底體會到東海岸列車之旅的愉悅。

列車從花蓮出發約兩小時後就會駛入臺東

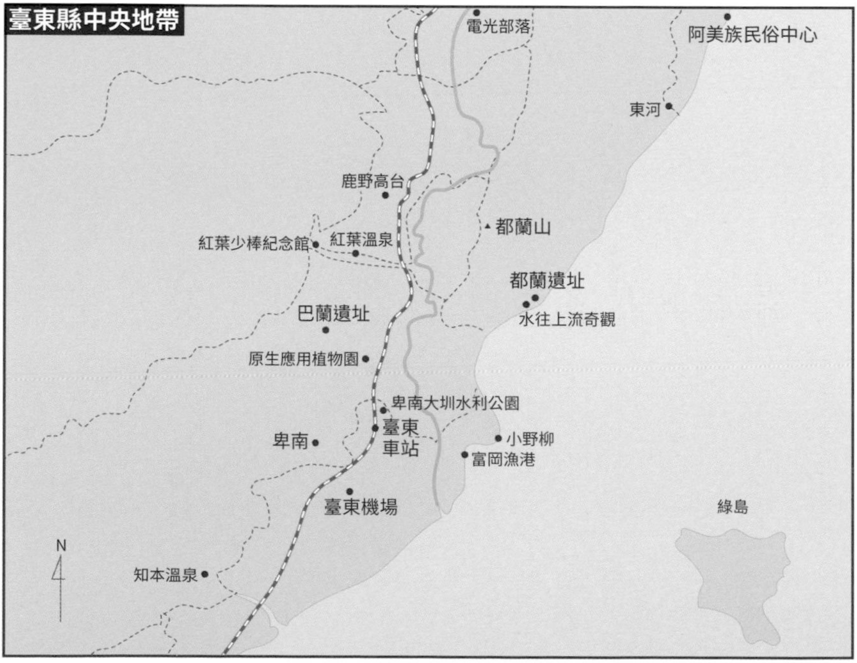

車站。下到月台後，映入眼簾的是原住民口中的聖山——藍灰色的都蘭山，那麼矗立在小山坡上的巨大石柱又在哪一帶呢？這座古代的月形石柱在一八九六年因日本的民族學者鳥居龍藏（一八七〇～一九五三）而知名。以這座石柱為首，暗藏著史前時代之謎的卑南遺址（約八〇公頃）符合了世界遺產登錄標準的第三項與第六項，於二〇〇三年入選為臺灣世界遺產潛力點。

當地早在一九八〇年偶然發現了出土的文物後，就開始了正式的挖掘調查作業。當時臺灣鐵路局為了建造南迴鐵路的新車站而開挖周遭，從地底下挖出了許多石板棺。

臺東縣政府見狀大吃一驚，立刻停下工程，從臺灣大學招聘了考古學者前來。隨著挖掘調查的進展，從都蘭山腳一帶起，陸續發現安置了從嬰兒到成人的一千五百具石板棺，可說是現今環太平洋地區最大型的墓葬群。此外也發現了許多面朝聖山而建的居住遺蹟，並陸續出土一萬多件石斧、釣魚用具、線軸、陶壺等生活用品，以及設計精巧的耳飾、墜飾、手環等。

## 從舊石器時代起就有人居住

一般來說，提到臺灣的歷史，都是從史料中曾指涉臺灣的隋朝（五八一～六一九）或是十二世紀末漢族渡海到澎湖島那段時期討論起，但另一方面，各地卻也發現了與中國大陸接壤時的舊石器時代人們居住的遺蹟。

「在臺東縣長濱鄉與屏東縣的恆春半島發現的、約五萬年前的長濱文化，是臺灣最古老的遺址，而這裡的卑南遺址則是西元前五千三百年到二千三百年左右新石器時代的遺卑南遺址公園內的考古挖掘現場。

1980年出土的石板棺，保留了當時的模樣展示著。連嬰兒用的迷你尺寸都有，可以明白古代人對於下葬的慎重。

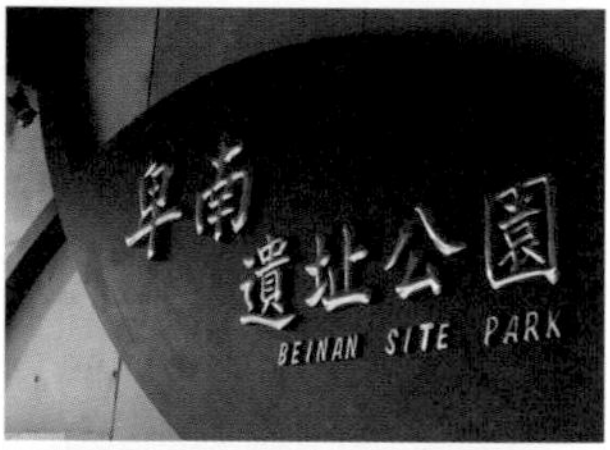

（上）博物館入口的看板。與清水混凝土牆面的時尚造型很搭。（中）館內有月形石柱的複製品，旁邊是民族學者鳥居龍藏的介紹。（下）拍攝於日治時代的月形石柱（高4.85公尺）與原住民。

蹟。當時的住民是怎麼來到這裡的？為什麼突然消失了？和現在的卑南族、阿美族、排灣族有什麼關係……這些至今都還是一連串的謎團。」

為我們導覽卑南遺址公園展示廳與考古現場（三十×二十五公尺）的研究員李先生這麼說道。挖掘現場原封不動地保存了石板棺、陪葬品、家屋出土的模樣，讓人很感興趣。此外，遠古的人們是怎麼在堅硬玉石做成的極細筒管中鑽出如吸管般的空洞？高四．八五公尺的月形石柱又是用來做什麼的？一邊揣想著古人的智慧與器物的用途一邊參觀，讓人不知不覺就忘了時間的流逝。

（上）卑南遺址公園展示廳入口。以插畫為主的解說，外國人也很容易懂。（下）國立臺灣史前文化博物館康樂本館依不同年代與用途，展示著無數出土文物及其碎片。

## 日本學者對遺址研究的貢獻

讓卑南遺址聞名世界的是日本的民族學者鳥居龍藏。託他的福，月形石柱成了卑南遺址的象徵，之後的相關研究也持續不斷地進行著。進入一九三〇年

西元前5300～2300年左右定居此地的居民的家族塑像。男女都戴著飾品，髮型與服裝也很時尚。

代後有博物學者鹿野忠雄（一九〇六～四五）、一九四五年一月則有曾任臺北帝大教授的金關丈夫（一八九七～一九八三）與臺灣師範大學的國分直一教授（一九〇八～二〇〇五），他們都試著在石柱附近進行了挖掘。後兩位當時一邊面臨美軍的機槍掃射，一邊持續挖掘作業，戰爭結束後被臺灣大學留任，肩負起將日治時代的史前研究傳承到後世的重責大任。

根據學者的調查顯示，約在二千年前住民們便從卑南消失了蹤影，這片土地有很長一段時間是被棄置的。一般認為可能是因為大洪水等自然災害，才使得住民分離四散。臺灣原住民是否承繼了古代住民的DNA呢……？為了求得這個答案，相關研究至今持續不輟。

卑南遺址出土的陪葬陶罐與陶缽，已經具備高度技術。

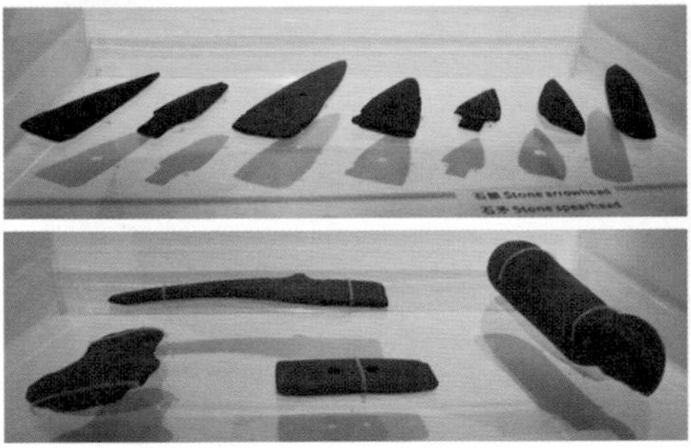


（上）切鑿板岩等岩石磨製的石矛與石鏃，也用於狩獵。
（下）石器種類繁多，隨處可見匠心。

卑南遺址出土的玉玦耳飾（只戴單耳）。多為環狀，但也有以精緻的做工打造出動物或人形的。

在民俗學與考古學上洋溢著浪漫與神祕氣息的卑南遺址（包含卑南遺址公園與臺灣史前館康樂本館）與都蘭山，對於思考臺灣人這個民族組成來說，是十分珍貴的地方。

平野久美子

**交通方式**

從臺東車站到卑南遺址公園徒步只要 10 分鐘，展示廳的入場費為 30 元，開館時間從早上 9 點到下午 5 點，每週一休館。而從遺址公園搭計程車約 10 分鐘便可到達史前館康樂本館，在這裡能從考古學、自然科學與民俗學的角度來欣賞臺灣的卑南遺址展品，令人嘆為觀止。此外若搭乘臺鐵到康樂車站，步行約 7 分鐘也可抵達。康樂本館的入館費為 80 元，開館時間與休館日和卑南遺址公園展示廳一樣。

# 躍動的生命力，充滿魅力的臺東

## 預測日後將會成為熱門景點

臺灣共有十六個原住民族，其中有六族（卑南、布農、排灣、阿美、魯凱、雅美）共同生活在臺東縣，占了縣民人口約三分之一。雖然祖先是乘著黑潮而來、說著南島語（Austronesian languages）的部族，但他們的習慣、裝飾品、生活用具等，很多面向都跟史前時代的住民十分相似。仔細參觀過卑南遺址後，到臺東市或附近轉轉，就能接觸到充滿生命力的大自然，以及原住民信仰中心的傳說、歌謠、舞蹈、祭典等文化。

在此可以探訪將日治時代的鐵路設施重新規劃利用的「鐵花村」。臺東市還保留很多當時的房舍與工廠等，既有修繕後的歷史建築物，也有不少提供原住民音樂家現場表演的地方及畫廊等設施。

此外只要去到郊外的都蘭山區與鹿野，就有介紹完整部落生活的村莊，還可以品嚐加了滿滿山菜的原住民風味料理，聆聽歌聲澄澈的

（上）位於臺東市的「鐵花村」將原本的臺鐵用地改造為宣傳原住民文化的基地。紙製的熱氣球燈籠垂掛著，入夜後還會點燈。
（下）以臺灣稻米之鄉而聞名的池上也在臺東縣，稻米與蔬菜的品質之好是掛保證的。

在國立臺灣史前博物館的紀念品店及各族的文化工作坊中，可以買到卑南族、排灣族、魯凱族等的手工飾品。

阿卡貝拉，度過悠閒的一天。在臺東逗留一段時間，除了可以沉浸在緩慢的時光中，似乎也能擁有靈性的體驗。

我對臺東的回憶有原住民的CD和手工藝品，還有鹿野鄉的紅烏龍（發酵度很高、近似紅茶的烏龍茶）、堪稱原住民超級食物的臺灣紅藜與洛神花茶這三項號稱「臺東三紅」的特產。

臺東有許多精彩的觀光勝地，像是稻米之鄉池上、以熱氣球嘉年華與飛行傘聞名的鹿野、知名溫泉景點知本、因潛水與人權公園而廣為人知的綠島，以及複合遺產潛力點蘭嶼等。

從臺北開往臺東的飛機與火車班次不多，遇到旺季有時會很難訂，但還是希望大家在去參觀卑南遺址時可以順道造訪這些景點。

（平野久美子）

**交通方式**

從臺北到臺東搭乘「普悠瑪號」大約4小時，若是普通列車則為6小時左右。而從松山機場飛臺東的有立榮航空與華信航空，1天7班，飛行時間約1小時。

（左）「紅烏龍」既非紅茶也非白毫烏龍，是「連記茶莊」產製的珍品。右上角的照片則是臺東名產米苔目，這家「榕樹下米苔目」更是傳承三代的人氣名店。
（下）臺東名產釋迦。牛奶般的甘甜讓人忍不住一口接一口。盛產期是冬天。

（左）在體驗型觀光部落能了解到原住民的文化與歷史，成了臺東縣獨有的魅力。照片中的是布農族傳統的豐收祈願。
（右上）臺東的山菜與藥草種類繁多，健康養生的藥草鍋也很有名。
（右下）卑南族所傳承的儀式裝扮，色彩與細節之美讓人一見傾心。

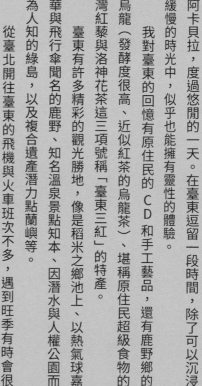

13

# 排灣族及魯凱族石板屋聚落

符合 世界遺產登錄標準 2 5

# Paiwan and Rukai Settlements of Slate Constructions

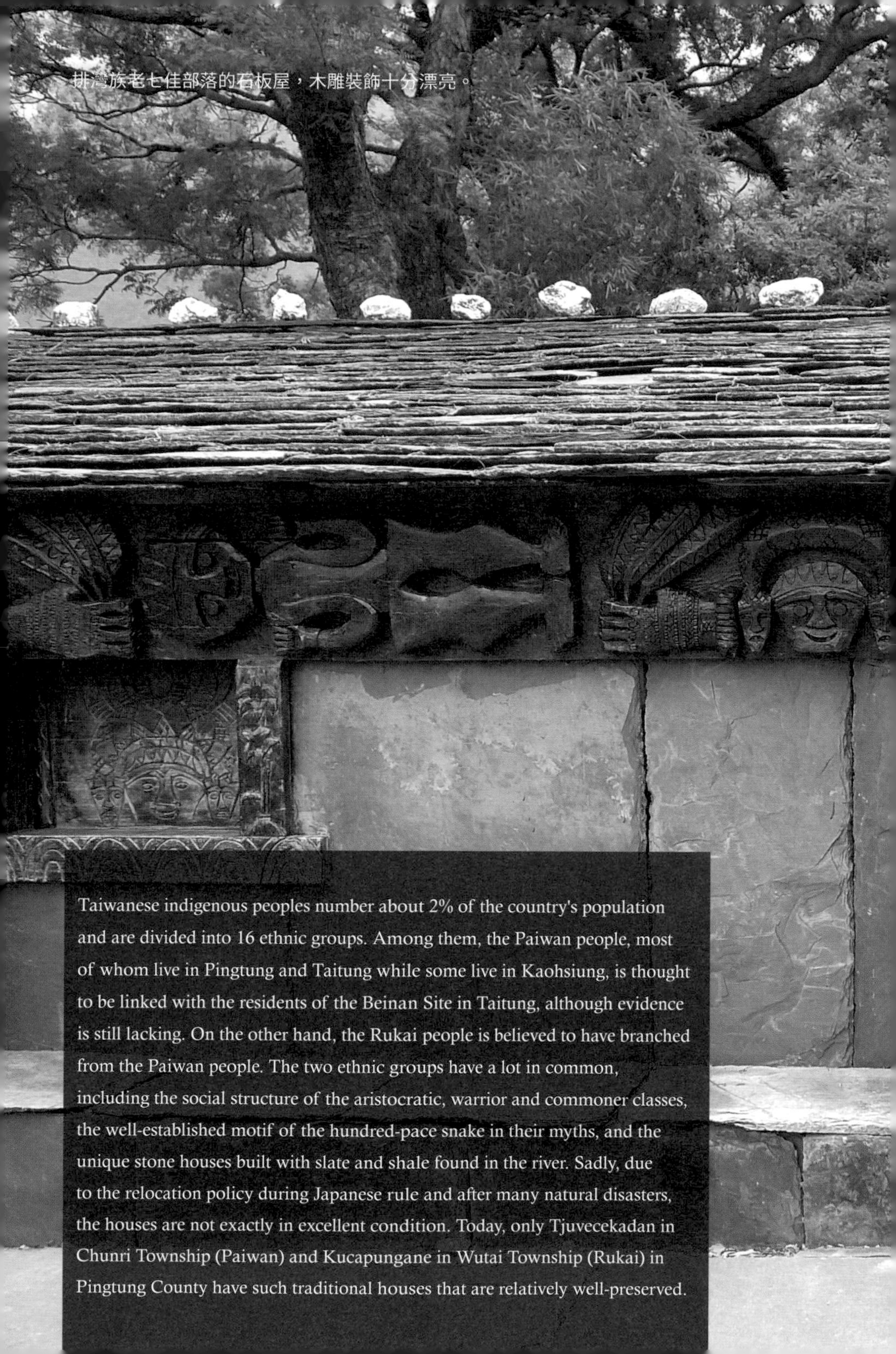

排灣族老七佳部落的石板屋，木雕裝飾十分漂亮。

Taiwanese indigenous peoples number about 2% of the country's population and are divided into 16 ethnic groups. Among them, the Paiwan people, most of whom live in Pingtung and Taitung while some live in Kaohsiung, is thought to be linked with the residents of the Beinan Site in Taitung, although evidence is still lacking. On the other hand, the Rukai people is believed to have branched from the Paiwan people. The two ethnic groups have a lot in common, including the social structure of the aristocratic, warrior and commoner classes, the well-established motif of the hundred-pace snake in their myths, and the unique stone houses built with slate and shale found in the river. Sadly, due to the relocation policy during Japanese rule and after many natural disasters, the houses are not exactly in excellent condition. Today, only Tjuvecekadan in Chunri Township (Paiwan) and Kucapungane in Wutai Township (Rukai) in Pingtung County have such traditional houses that are relatively well-preserved.

# 精靈與住民間的那份記憶

## 但願盡早修復保存的原住民部落

臺灣的原住民人口約占總人口的二%，分為十六族，其中排灣族大多分布在最南端的屏東縣與東部的臺東縣，還有一部分居住在高雄縣。據推測，他們的祖先與在臺東縣卑南遺址中挖掘出來的古代住民間有些許關聯，但細節則仍未知曉。據說魯凱族是從排灣族分化出來的，兩族之間有很多共通點，雙方社會都有著

貴族、勇士與平民的階級制度。此外，使用溪谷中的板岩與硬頁岩（變質岩的一種）建造的獨特房舍也非常相似。

他們的石板屋符合了世界遺產登錄標準中的「傳統人類居住、土地利用或海洋利用的顯著典範」（第五項）與「可藉由建築、科技、偉大藝術、城鎮規劃或景觀設計的發展，展現某一段時期或一世界文化區域內，重要人類價值觀的交流過程」（第二項），百步蛇等卓越的神話涵義也獲得極高的評價。魯凱族居住在比排灣族部落標高更高的地帶，他們的石板屋還被美國的非營利組織「世界文化遺產基金會」（World Monuments Fund）指定為文化遺產。

不過很遺憾的是，現存所有石板屋的保存情況都不樂觀。而導致情況惡化的，是從日治時代就開始實施的移居城鎮政策及多次的天

（左）盛裝出席排灣族祭典的頭目一家。只有位高權重者才允許配戴鳥類的羽毛裝飾。
（右上）排灣族與魯凱族被神聖的大武山所環繞，與自然共存。
（右下）照片中位於高雄州潮州郡望嘉的駐在所如今仍留存在深山裡。

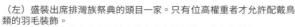

（上）老七佳部落。雖經過修復，但石板屋上的傷痕仍然很顯眼。（下）進入森林時，原住民會向大樹供奉小米酒與豬肉等，向祖靈及森林的精靈祈禱。

災。尤其二〇〇九年「八八風災」所引發的土石流，使得原住民居住地受到毀滅性的打擊，如今還保留了過往痕跡的，大概就只有春日鄉的老七佳部落（排灣族），以及霧臺鄉的好茶部落（魯凱族）吧。

所幸我的運氣還不錯，二〇〇七年曾在屏東縣瑪家鄉參觀過崩塌前的魯凱族石板屋聚落。當時我和臺灣的研究人員一起搭上了小卡車，從屏東市前往大武山山腳。車行約兩小時後停了下來，穿著鮮豔的衣服，頭戴紅、白、紫、黃色花冠的魯凱族人現身了，告訴我們要從這兒開始徒步往上爬。

在森林入口向精靈祈禱後，魯凱族人就會以小動物般敏捷的行動，巧妙地避開樹根與岩石，往森林深處前進。走了一段路之後，視野突然變得開闊，斜坡上出現了幾棟並列的石板屋。冷涼的空氣與芬多精四處飄散著，頭目背對著聖山迎接我們，顯露出十足威嚴。

他對我們說：「石板屋冬暖夏涼，住起來很舒適。這片前庭是用來仲裁糾紛及接待訪客的，前庭外的平台則用來集會或舉行祭祀祖靈的五年祭祭典。家中設有祭祀祖靈的神聖空間，這是只有頭目才享有的特權。」

進到頭目的家中後，正面最裡側是祭祀祖靈的空間，充滿了靈性。

之後過了幾年，我也去拜訪了位在來義鄉

深山裡的排灣族家屋遺址。這個舊望嘉部落的廢棄家屋位在往臺東金崙溪延伸的崑崙古道旁，就像吳哥古蹟內的「塔普倫寺」那樣纏繞著榕樹與爬山虎，讓人得見自然界的威猛。參觀用板岩堆砌起來的屋牆、公學校以及駐在所的遺蹟，感覺隨處都留有村落的記憶。負責導覽的年輕頭目在腐朽的石板屋前低下了頭，據說這是他曾祖父母的生身之家。

研究人員如今正在調查與修復散落在深山中的廢棄家屋，族人也大力協助，表示「要把部落的榮耀傳承給下一代」。

平野久美子

舊望嘉部落的廢棄家屋。研究人員在此一點一滴地反覆進行調查。

**交通方式**

要參觀石板屋可以到「臺灣原住民族文化區」，在屏東車站前搭乘「屏東客運」到三地門下車即可。入園費為 150 元，每週一休園（如逢國定假日則會照常開園），開園時間為星期二～日早上 8：30 ～下午 5：00。

要前往魯凱族居住的「禮納里好茶部落」，則可在屏東車站搭乘「屏東客運」到水門下車，轉搭計程車約 10 分鐘車程。

如果要去「老七佳」部落就要包車，出發前可以先向春日鄉農業觀光課洽詢，導覽費用約為 1200 元。

# 以溪流的板岩打造的涼爽家屋

以下簡單說明一下用板岩與木材（櫸木、黃連木、烏心石、牛樟等）蓋石板屋的方法。

①將河邊運來的板岩分成長方形的厚石板，以及用來做牆壁與屋頂的薄石板。

②將木材鋸出十根左右的梁柱、屋頂的梁板、窗框等。

③用厚石板將三邊圍起來呈ㄇ字型，然後沿著這三邊堆砌石板，做成外牆。

④在兩側石壁上架柱子當成梁，並在屋頂鋪石板。接著堆砌薄石板，之後在室內立起祖靈柱。

⑤在開口部的正面搭起厚石板，設置牆壁、窗戶與出入口，在屋內立起支柱以支撐屋頂。

⑥整理隔間，在地板上鋪設石板。身分高貴者還能打造前庭。

（平野久美子）

1

2

3

（上、下）頭目家擁有廣大的前庭，並有具宗教象徵意義的石柱。

6

5

4

14

# 金門戰地文化

符合 世界遺產登錄標準 2 3 4 5

# Kinmen Battlefield Culture

朝向對岸的中國大陸所製作的防柵，現今黏滿了貝殼，讓人感受到時光的流逝。

---

**面積** ▶ 約134平方公里
**緯度** ▶ 北緯24°27′
**經度** ▶ 東經118°24′
**人口** ▶ 約15萬6千人

Kinmen used to be known as Wuzhou. As early as the fourth century, the Han Chinese started to settle here. Then, in the 17th century, some of them crossed the strait to live in Taiwan. Therefore, the place has a long history with mainland China. Also, throughout its history, Kinmen has more than once been drawn into military confrontations. After the government of the Republic of China retreated to Taiwan in 1949 following the Chinese Civil War, Kinmen went on to become the front line of the island country along with Matsu. On account of its past, there are three distinct types of cultural heritage in Kinmen: the traditional Minnan architecture, usually in the form of sanheyuans, siheyuans and ancestral temples; Western-style buildings, which were introduced by overseas Chinese in Southeast Asia to their hometown where remittance had a good impact on the economy; relics of walls, forts and other military infrastructure from when the military situation was critical. Among them, the underground tunnel for small naval vessels and the row of anti-landing piles on the beach are two of the most significant landmarks symbolic of Kinmen during wartime.

# 文化、歷史、政治、軍事交錯的島嶼

## 歷史風景幾乎原封不動保存了下來

金門島很特別，特別之處來自其文化、歷史與政治、軍事上的交錯。

我們先從文化、歷史這個面向談起吧。臺灣大多數的漢人都是在十七世紀之後，從福建省南部的閩南地區渡過二百～三百公里寬的海峽而來。雖然金門也是島，但渡海抵達大陸沿岸的最短距離只有兩公里多。以前金門被稱為「浯洲」，據說在四世紀時就有漢人移居，現在的聚落也有很多是在十三～十四世紀左右就成形了。

後來有許多移民從金門出發前往臺灣，十九世紀之後以東南亞為首，眾多華僑也都從這裡出發移居世界各地。也就是說，金門的村落與大陸地區的村落基本上是相同的，雖說是島，卻有著與大陸土地連接的深厚歷史。

另一方面，金門畢竟還是屬於沿海地區的島嶼，所以在歷史上多次遭受戰爭波及。一九四九年的國共內戰中，中華民國處於劣勢而失去了大陸，於是將據點移到了從日本手中收回的臺灣，勉強挺住的金門與馬祖頓時成了充滿緊張氣氛的軍事最前線，和在對岸屯兵、近在眼前的人民解放軍對峙。放大一點來看，這簡直就是「東西冷戰」的第一線。

於是這座面積只有一三四平方公里的小島，在文化與歷史上雖然幾乎與大陸同源，但在政治和軍事上，卻成了中華民國遠離臺灣本島而管理的轄區。且金門在二戰時並未像臺灣與澎湖那樣被安置在日本軍政體系、受到殖民統治，戰後則因為成為軍事要塞而嚴格限制一般觀光客的進出，因此一九三〇年代以前所形成的歷史風景，幾乎原封不動保存了下來，在一九六〇～一九八〇年代才吹來了亞洲的開發狂潮——這麼說大家應該都能理解吧？所以金門在各種意義上而言都是很「獨特」的。

金門傳世的文化資產大致有三個層面：第一是閩南的傳統漢人聚落；第二是其中東南亞華僑所帶來的殖民地風格建築形式；第三則是軍事緊張時期所留下的眾多遺蹟。

## 遺留在各處的傳統聚落與建築

漢人聚落原則上是由同一支血緣的宗族組

金門島與小金門島

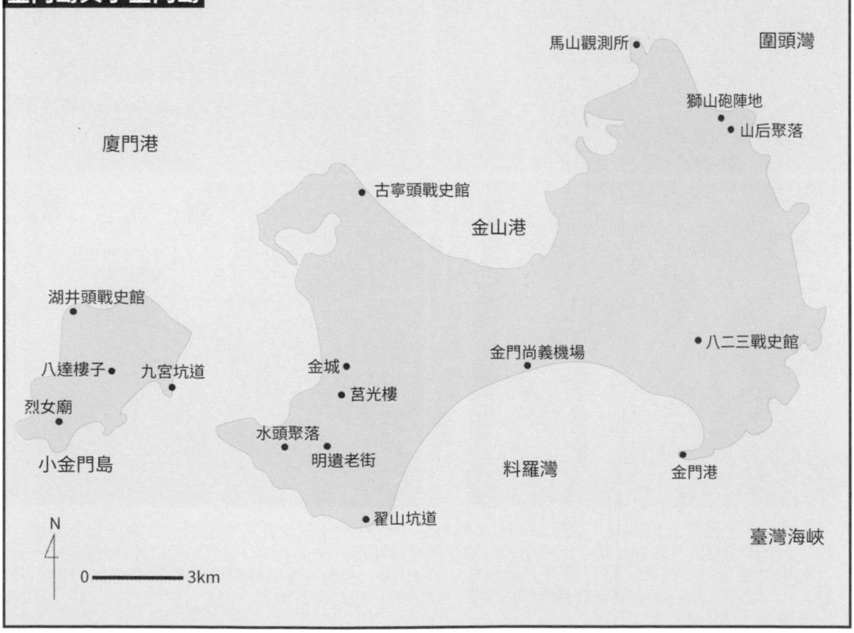

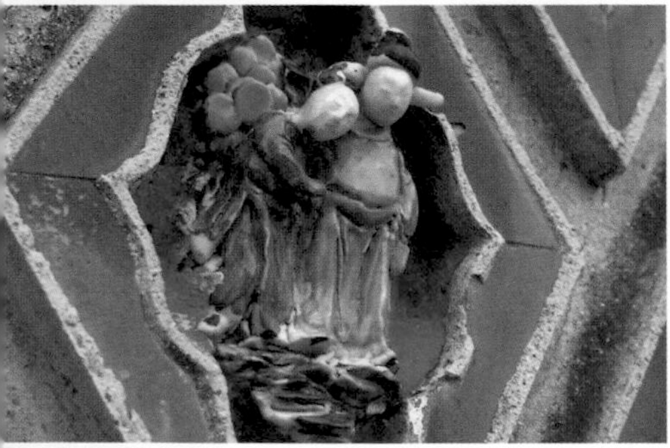

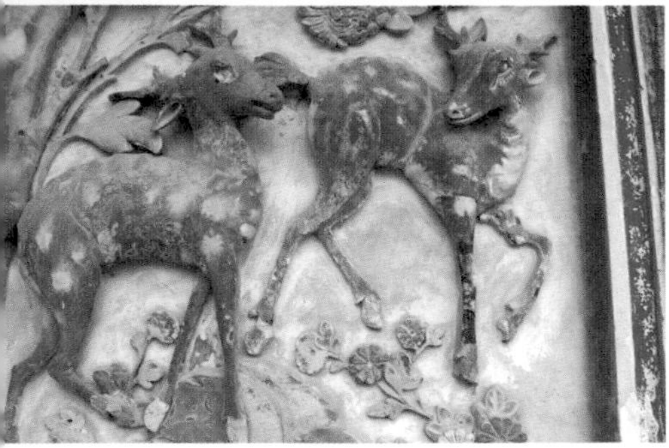

（上）山后聚落的王氏宗祠，建於1900（光緒26）年。村民王國珍在日本經商有成後，返回金門，投入大筆資金建造了這棟建築，如今則是將傳統宗族倫理傳承給後人的「金門民俗文化村禮儀館」。（右中）被稱為「天井」或「深井」的中庭。（左中）花磚。雕刻磚塊做成各種各樣的裝飾（磚雕）。（右下）用石頭與磚塊層層堆砌的牆壁。（左下）鹿的諧音即是「祿」，和上方照片中的人物一樣屬於「交趾陶」。

成的，在金門的話，瓊林有蔡姓、山后有王姓、珠山有薛姓、北山與南山則有李姓，不過也有像水頭那樣多姓（黃、李、蔡、陳等）居住的大型聚落。

接著就走進聚落看看吧。以堅固的岩石與磚塊建造的美麗房舍林立，這些三合院與四合院內有稱為「天井」或「深井」的中庭，三棟建築物以ㄇ字型圍住中庭的是三合院，而以四棟建築物圍成口字型的則是四合院，金門的所有聚落幾乎都是由相同規模的三合院或四合院所組成。

在三合院與四合院井然有序的排列中，與其他家屋相仿卻又明顯展現出其特殊地位的，就是「宗祠」（家廟）。統率宗族的單位叫做「甲頭」，而祭祀各甲頭祖先的就是宗祠，可說是血緣連結的核心，至於多個甲頭組成的聚落則有統合各宗祠的「大宗宗祠」。

建造宗祠有一項禁忌，就是宗祠的後方不可以蓋房子。只要將家屋排列成棋盤狀，空出中央垂直的一列，並在靠近最後面的地方興建宗祠，就能把握住這項原則，至於宗祠前方廣大的埕（廣場）則是重要的儀式舞台。歷來有個說法叫「坐山觀局」，聚落的配置要背山面水（局），所以宗祠一定會設置在所有家屋中的最高處，這麼一來，就不會違反另一項禁忌——家屋不可以蓋得比宗祠還高。

我們再來看一下各個三合院與四合院。最裡面的那棟叫做「正身」，面向象徵禮法的中庭，正身中央稱為「正廳」的大廳則是戶主祭祀各家族祖先的空間。從各個家屋到聚落全體，有條不紊的空間配置就像這樣貫徹了儒家的倫理。

另一方面，若是在多姓的聚落，超越宗族、融合社會的核心便是寺廟。一般來說，聚落周圍還會設置「五營」，象徵神明保衛聚落的據點，也就是以「廟」和「營」來表示聚落的中心與境界。

只要記住這些大原則，漫步其間，就會獲得更多「解讀」聚落的樂趣，也能看出各個聚落不同的特色。

從十九世紀中葉到一九三〇年代，金門的年輕人開始通過廈門，前往東南亞與日本打拚。起因為一八四二年鴉片戰爭結束後簽訂了《南京條約》，清朝的海禁政策被解除，人口的流動因而變得更加頻繁且積極。這些年輕人的「僑匯」（寄錢）讓家鄉富裕了起來，「僑匯經濟」改變了聚落，原鄉的聚落則成了所謂的「僑鄉」。

例如我們可以在水頭聚落看到很多以西洋古典主義形式為基礎所打造的兩層樓「洋樓」。這些建築多有開放式走廊環繞，不過細部裝飾是在西洋構造中融合中國風的吉祥物，空間規劃上也還是遵守著宗族倫理。

這類與外部的連結，是原鄉獲得啟蒙與近代化的契機，此後也引進了學校與教會建築。在金門堪稱獨一無二的古城——金城的東門附近，便有興建於一九二四年、被稱為「模範街」的磚造兩層樓連棟式街屋，在整個十九世紀引進了足以與東南亞各都市匹敵的各類商鋪。其建築特色是保留了寬五英尺的騎樓，稱為「five foot way」，金門當地則直譯為「五腳基」。

1931年，黃輝煌在水頭聚落興建的「得月樓」。柱頂坐著天使，左邊有大象，右邊則有孔雀。

傳統的三合院與四合院，以及宗祠、寺廟，同樣靠著「僑匯經濟」的力量改頭換面，改造得無比壯觀。

## 戰爭遺蹟所訴說的多重歷史證言

在世界歷史中，戰爭不知道破壞了多少都市、毀滅了多少文化資產，但另一方面，城牆、要塞、城郭等與軍事相關的文化資產卻多得不勝枚舉，此外也很少會因為軍事上的緊張局勢而制止開發、進而維護歷史環境等。想要認識金門的文化資產，就不能無視戰爭這個複雜而微妙的因子。

其中最能代表金門戰爭遺蹟的就是坑道。如地底下的「小艇坑道」，便是為了瞞過對岸耳目停靠幾百艘小艇所興建的船隻停泊處，以

位在金門島西南海岸大帽山的小艇坑道，預估可以停泊38艘小艇。

用來防止敵人的登陸艇入侵的「軌條砦」，是將切斷的鐵軌以水泥固定。

此為首，還有各種各樣的戰時坑道，更有開鑿坑道而成的禮堂「擎天廳」。

此外也有在沙灘上排成一列的鋼筋「軌條砦」，是為了兩棲作戰與防衛島嶼堡壘所打造的。這些鋼筋長年受到自然的侵蝕，如今幾乎成了地景藝術般美麗的存在。

金門的戰地遺蹟就像這樣在島嶼沿岸與地下展開。這類軍事世界不同於沿襲傳統與僑鄉文化的聚落，被稱為「地下金門」。可是另一方面，我們也不能忘了在「地上」聚落的民宅牆上所殘留的無數彈痕，讓人遙想起一九四九年古寧頭戰役以及一九五八年八二三砲戰的激烈。

一九九二年戒嚴令解除，臺灣人開始前往金門觀光，之後因實施「三通政策」，所以也有來自中國的觀光客。就像前面所說的，不管是對臺灣人、中國人，或是對日本與全世界來

（上）「八二三戰史館」外所展示的戰鬥機（美國製）。
（下）坦克也是美國製，不僅於「八二三戰史館」展示，在島上同樣隨處可見。

說，金門島都在許多層面訴說著深刻的歷史證言。乍看之下像是主題公園，其中卻富有生活況味，在觀光化的進程中，但願金門也能珍惜其做為生活場所的豐富性。

青井哲人

**交通方式**

要前往金門，一般是搭乘從臺北松山機場等臺灣本島的機場起飛的班機。從臺北出發的話，飛行時間約為1小時。金城周邊有很多飯店，此外將傳統聚落內的房舍改建而成的民宿如今也增加了不少（不禁讓人有點擔心）。因為是座小島，所以可以租車觀光，去看所有想看的景點。建議最少安排2天1夜，但若時間充裕，則不妨花個4天3夜，好好享受金門之旅。

15

# 淡水紅毛城及其周遭歷史建築群

符合 世界遺產登錄標準 2 6

# Fort San Domingo and Surrounding Historical Buildings, Tamsui

外來勢力曾如浪潮般湧向臺灣，而在
淡水，就層層堆疊著這樣的足跡。

Tamsui is the epitome of the history of Taiwan. Besides the Chinese, the Spanish, Dutch, Portuguese and Japanese had all left their mark on the place since the late 16th century. The influence of the various cultures can be seen in the many historical buildings in the area; they are witnesses of the events that took place during the four hundred years. Among them, "Fort Red Hair" is of the greatest significance. The Spanish Empire built it and named it "Fort San Domingo" before it was burned down and rebuilt by the Dutch, who renamed it "Fort Antonio." Since the Dutch were called "red-haired people" at the time, it was nicknamed "Fort Red Hair." In addition to the fort, there are: Oxford College, which introduced Western education to Taiwan; Tamsui Chapel and Huwei Hospital, Western-style buildings on the hill; and Little White House, or Tamsui Customs Officer's Residence. Moreover, Tamsui also used to be a famous port city where foreign ships loaded with merchandise that couldn't be found in Taiwan arrived. Merchant houses sprang up one by one, importing goods from abroad and bringing new cultures to northern Taiwan.

# 遙想世界史上的興亡盛衰

## 西方人遺留的痕跡

淡水是臺灣的縮影。從十六世紀末起，外來文化就陸續湧向臺灣。四百年前，如今已消失的平埔族原住民凱達格蘭族曾居住在淡水，而從十七世紀到十九世紀為止，除了中國，還有西班牙、荷蘭、葡萄牙及日本來過，多元文化所形成的市街，現今仍保存著許多古蹟。走在淡水街道上，可以邂逅世界歷史所遺留的各種痕跡，讓人深刻體會到臺灣四百年的歷史。

站在淡水河口北岸欣賞優美的景致。

（上）現在的紅毛城是荷蘭人於17世紀中葉重建的。
（下）打造為軍事要塞的紅毛城，外牆很厚。

古蹟小鎮淡水的代表景點就是紅毛城。紅毛城蓋在淡水河下游北岸的丘陵上，面朝對岸的觀音山。一六二八年，西班牙人為防禦所需而興建了聖多明哥城，這是外國人在淡水建設的第一座建築物，而且是木造的。一六四四年，荷蘭人來到臺灣並攻擊西班牙人，後者於是燒毀了城堡逃跑，這座城堡被燒得精光，只留下了聖多明哥城這個名字。

後來在聖多明哥城的舊址上，荷蘭人又興建了安東尼堡這座堅固的要塞，也就是如今的紅毛城。這個名稱並不是來自建築物的紅磚，而是因為當時日本、臺灣、東南亞的華人都稱荷蘭人為「紅毛人」，所以這座要塞才被稱為紅毛城。

到了一六六二年，母親是日本人的明朝遺臣鄭成功將荷蘭人趕出了臺灣，但不久後，清朝又統治了臺灣。一八六八年，英國租借了淡水的紅毛城做為領事館，之後便在境內興建了結合英國與中國風的領事官邸，在不同風格的兩座建築物之間則有鋪著草坪的庭園。英國領事直到一九七二年都還居住在此，這段期間內，這片草坪都被當成網球場，還有館員會在這裡進行網球拉力賽。

以前在紅毛城也展示過豐臣秀吉致「高山國」國王要求納貢的文件複製品。秀吉是在一五九三年將這封文書委託給長崎的商人原田孫七郎，但據說原田最後並沒有見到這位「國王」，鎩羽而歸。紅毛城在二〇〇五年經過大幅整修後，這項展覽也就被撤了下來。

據說臺灣的歷史課本中寫道：「秀吉要求原住民向日本納貢。」若是原田當時成功覲見了「高山國」的國王，臺日關係說不定會就此改變。

西班牙、荷蘭、清朝、英國、日本——光是參觀一座紅毛城，就能像這樣吸收到各種各樣的文化。

## 橫跨兩個世紀的歷史散步

淡水捷運站有旅遊服務中心，可以在那裡拿到新北市立淡水古蹟博物館的淡水文化地圖。手持地圖，從紅毛城爬上坡道，漫步在十九世紀建築林立的真理街。這趟歷史散步，讓人從十七世紀的紅毛城一口氣穿越了將近兩個世紀的時光。

真理街是前往真理大學的一條路，這一帶是加拿大傳教士「馬偕」（George Leslie Mackay，一八四四～一九〇一）落腳的地方。他在紅毛城建城超過一世紀、也就是一八七二年的時候來到淡水傳教，直到一九〇一年在這裡去世為止，不僅傳教，也以醫生與教師的身分做出了很大的貢獻。

首先是在一八八二年興建的「理學堂大書院」（牛津學院），建築物是馬偕設計的，揉合了西洋與中國風，並在此展開了臺灣最初的西式教育。緊接著兩年後，在隔壁如今屬於淡江中學的占地內也開設了「淡水女學堂」，為臺灣第一所女子學校，而隔鄰則是馬偕去世後才建立的婦女教育場所「婦學堂」，現今成了淡江中學的校史館。校園內還有「八角塔」和「馬偕家族墓園」等，看著並列在綠蔭下的西洋歷史建築，令人不禁忘了自己身在臺灣。

在真理街上，有「馬偕故居」、協助馬偕治療與傳教的女性所居住的「姑娘樓」，以及男性傳教士的住所「牧師樓」，往下走到馬偕街後，就會看見「淡水禮拜堂」與馬偕建立的教會兼醫院「滬尾偕醫館」。這些建築物發散出了歐美的新文化，遍布臺灣各地。

位在真理街上的淡江高級中學（1925年設立）校舍。混合了西洋與臺灣的建築樣式，中央的八角塔很美麗。

滬尾偕醫館周邊保留了一些西洋建築，氣氛獨特，傍晚來這裡散步也很舒服。

（右上）前往馬偕街的路牌。（右下）滬尾偕醫館旁的馬偕紀念醫院發源地石碑。（左）滬尾偕醫館是臺灣首間西式醫院，融合了東西方的建築樣式。

淡水禮拜堂。可以看見尖塔式屋頂。

## 特殊聚落的形成

淡水小鎮的河岸林立著住宅、古蹟寺廟與老街，既有漢人定居的區域，也有外國人的居住地，漫步在其中，路上的景色可說瞬息萬變。斜坡上有號稱「小白宮」的前清淡水關稅務司官邸等行政機關，令街道的氛圍瞬間為之一變，丘陵上則有學校及教會，景觀也很不同。這種特殊的聚落樣式，完全符合世界遺產登錄標準的第二項。

河岸道路的盡頭以前是漁港，在此之前的一八六〇年也曾開港貿易。入港的異國船隻載滿了臺灣沒有的商品，透過陸續設立的「洋行」（外國人經營的商店）運送到各地。淡水捷運站後面有其中一間「原英商嘉士洋行倉庫」，附近還遺留著連結淡水與臺北的部分火車鐵軌。

此外一部分船隻甚至會溯淡水河而上，前往臺北的大稻埕、艋舺（萬華）和新莊，再從那裡將貨物改裝到小船上，運往板橋、三峽甚至大溪。淡水港在過去可說是將新文化引進臺北等北臺灣地區的起點。

而淡水港的興亡與法國大有關係。淡水之所以開港，是因為第二次鴉片戰爭時清朝打輸了，只好應英法的要求開港。但是這座港口在進入二十世紀後就被基隆港搶去了風頭，且泥沙不斷淤積，一八八三年發生的清法戰爭更是造成這種發展的導火線。當時清朝擔心法國軍艦會沿淡水河而上前往臺北，所以將二十艘老朽的船隻堆滿了石塊，沉到河口。

清法戰爭後，清朝興建了「滬尾砲台」以防禦外國船隻的侵略，但後來卻一次都沒使用過，就這樣留存至今，成了古蹟。

而曾幾何時，再也沒有大型船隻溯淡水河而上了。

迫田勝敏

**交通方式**

搭乘捷運從臺北到淡水約需 1 小時，從淡水站沿河岸走到紅毛城則需約 30 分鐘，若在站前搭公車，不到 10 分鐘就可抵達。

# 按圖索驥，巡遊三十五處歷史建築群

整座淡水小鎮可以說就是一間「古蹟歷史博物館」，有著數不盡的歷史。其中名列臺灣世界遺產潛力點的古蹟有二十八處，歷史建築有七處，密度之高，與中國的澳門相比毫不遜色。從臺北到淡水的交通非常方便，請務必多走訪幾趟，拿著地圖隨意逛逛這三十五個潛力點。如果只是邊走邊吃在地美食就太可惜了，因為除了紅毛城與砲台之外，淡水還有許多十六世紀到近代的知名歷史景點。

以下就列出當地全部的潛力點。

**＊二十八處古蹟**

紅毛城、滬尾砲台、鄞山寺、理學堂大書院（以上為國定古蹟）、前清淡水關稅務司官邸、福佑宮、龍山寺、馬偕墓、滬尾偕醫館、淡水禮拜堂、外僑墓園、滬尾湖南勇古墓、原英商嘉士洋行倉庫、水上機場、氣候觀測所、淡水海關碼頭、關渡媽祖石、公司田溪橋遺蹟、滬尾水道、多田榮吉故居、滬尾小學校禮堂、淡水崎仔頂施家古厝、日商中野宅、重建街十四號街屋、重建街十六號街屋、臺灣銀行日式宿舍、于右任墓、淡水忠寮李舉人宅（以上為市定古蹟）。

**＊七處歷史建築**

日本警官宿舍、公司田溪程氏古厝、木下靜涯舊居、淡水中正段日式宿舍群、清法戰爭滬尾古戰場城岸遺蹟、基隆港務局淡水宿舍、淡水楓樹湖庄禁牌。

此外淡水現在也有許多傳統活動，是一年四季都能挖掘到樂趣的文化遺產潛力點。

（平野久美子）

16

# 馬祖戰地文化

符合 世界遺產登錄標準 2 3 4

極其美麗的大海與腐朽戰車間的對比，讓人學到了許多。

**總面積** ▶ 約29.52平方公里（包含岩礁）
**東西** ▶ 約70公里
**南北** ▶ 約60公里
**最高標高** ▶ 291.7公尺（北竿壁山）
**平均氣溫** ▶ 18.6°C
**降雨量** ▶ 約1165公釐
*因與中國之間的關係，面積、距離都是大概數字

## Matsu Battlefield Culture

Matsu Islands are an archipelago of 36 islands and islets in the Taiwan Strait with a total area of 28.8 square kilometers. The islands are divided into four townships: Nangan, where the county seat is located; Beigan, where most of the traditional buildings are preserved; Dongyin, the northernmost administrative division; and Juguang, where one can see an epigraph concerning the capture of pirates made during the Ming Dynasty. Because it used to be an important military base, a lot of the military infrastructure fell into disuse after the abolishment of Battle Field Administration. To solve the problem of population decline, underground tunnels and other former military facilities were turned into tourist attractions as part of "war tourism." The tunnels were built by digging through hard rocks and are wartime relics that should not be forgotten. The Eastern Min architecture is another cultural heritage unique to Matsu that cannot be found elsewhere. This kind of buildings originated from Eastern Fujian, yet only in Matsu can one see entire villages of them, and in such an excellent state at that. Needless to say, its historical and cultural merit is incalculable.

# 戰時體制守護下的閩東文化與野島

## 臺灣「最後的祕境」

馬祖是和中國相鄰的孤島，與對岸間的最短距離約為九．五公里，過去是對中戰略的最前線，因此在長久的戰時體制下成了封閉的土地，一般市民不被允許登島，不只外國人，對臺灣人來說也是禁止擅闖的島嶼。

一九九二年，馬祖解除了戰地體制，現在即便是外國旅客也幾乎都能不受限制地前往旅遊，但高登島以及亮島等至今仍有軍隊駐紮，

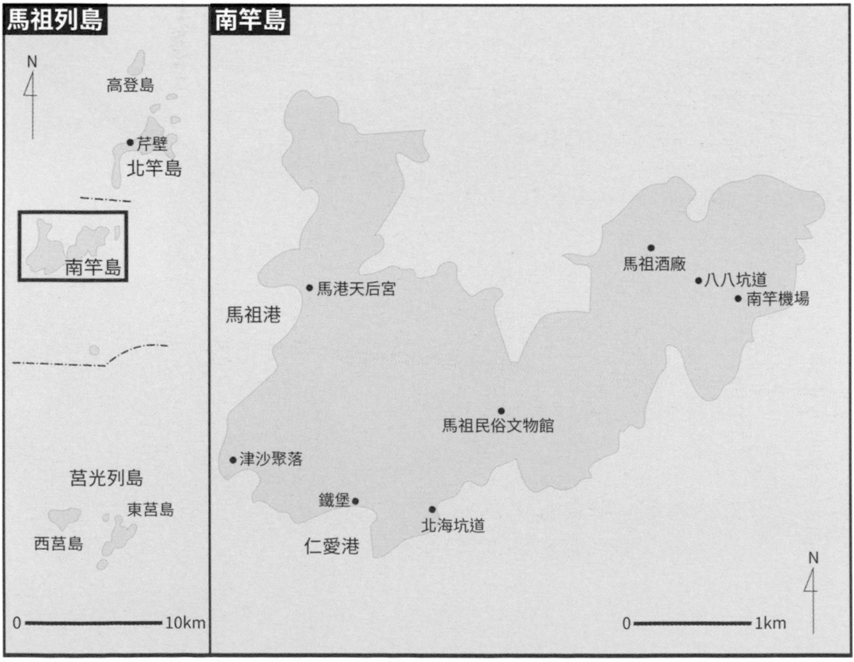

一般人仍禁止進入。

馬祖列島是由三十六座小島所組成，總面積為二八．八平方公里，全區隸屬福建省連江縣，零星散布的島嶼就像深深被中國大陸擁入懷抱般。其中南竿島是行政中心，北竿島保留了許多傳統房舍，東引島是中華民國（臺灣）政府實際統治區域的最北端，莒光島（東莒與西莒兩島）則留有明朝與倭寇相關的石碑，皆是廣為人知的島嶼，但除此之外的地方就都是無人島。

第二次世界大戰後，國民黨軍與共產黨軍全面對決，持續著激烈的戰鬥。蔣介石率領的國民黨軍處於劣勢，中國大陸最終落入了共產黨軍的手中。即便如此，金門（參照〈14 金門戰地文化〉）與馬祖仍處於中華民國的體制下，在之後的戰役中被牢牢守住。

如今因為戰術的進化、國家關係的均勢改變以及政策轉變，已經不在實體上與中國對決，馬祖被棄置的軍事設施於是增加了。同時，產業空洞化與人口減少的情況愈演愈烈，人口外流成了嚴重的問題。為了求生存，馬祖當地便將軍事設施當成觀光資源，以「戰地觀光」的名號來行銷。

北竿島的芹壁聚落，保存了用花崗岩打造的傳統建築。

## 造訪地下基地

馬祖主要的戰地觀光資源是所謂的「地下坑道」。不論是南竿島的北海坑道、北竿島的午沙坑道，還是東引島的安東坑道等，規模都很大，而且全都令人印象深刻。這些坑道是無數士兵開鑿堅硬的岩塊建造出來的，不禁令人遙想起這份任務的嚴酷與艱鉅。馬祖地區許多的軍事設施都是人類不可或忘的戰爭遺蹟，符合世界遺產登錄標準的第二項與第四項。

位在南竿島的「北海坑道」是為了讓打游擊戰的船隻停泊，而由人力挖鑿堅固的花崗岩而成，全長六四〇公尺。雖然金門也有類似的坑道，但這裡的規模大得多，而且相當壯觀。

這座地下碉堡的水道高十八公尺、寬十公尺，內部略呈「井」字型。遊客可以沿著水道走在一旁的步道上，也可以乘小艇繞洞內一

南竿島的北海坑道，內部是廣大的無聲世界。

圈，點著燈的洞穴被寂靜所包圍，開展出一片無聲的世界。

石階綿延的安東坑道，現今成了島上最大的觀光景點。

安東坑道中也有地下基地的遺蹟。在又深又長的黑暗隧道中，樓梯不斷往下延伸，下去之後，會看到中山室、連長室、作戰室與士官兵的寢室等，牆上還有「勇敢」、「堅強」、「雄壯」等軍事標語。為了長期駐守的士兵們，坑道內甚至有豬舍。

安東坑道於二〇〇四年對外開放，所有人都能來參觀。同時，坑道頂部被整修為瞭望台，成了觀賞海鳥的好地點。

## 能入住的傳統建築群

除了戰爭遺蹟之外，馬祖還有其他值得誇耀的獨特文化與景觀。那就是只有在當地才能看到的傳統建築「閩東建築」。這種建築樣式原本屬於福建省東部，但如今卻只有馬祖地區保留了整體聚落的形式，且各個家屋的保存狀態相當良好，這一點也備受矚目，個中價值無可估算，符合世界遺產登錄標準的第四項。

閩東建築的樣式和臺灣本島常見的傳統家屋很不一樣，尤其令人印象深刻的是配色。相對於閩南建築使用土磚做建材，這裡則使用經切割的花崗岩，因此建築物整體的顏色偏白。且因為離島的水泥有限，所以石塊與石塊間填的是從沙灘上取來的白沙。

此外家屋多面海而建，每一間的窗戶都做得又高又小，也是當地的特色之一。一方面是為了避開冬天的強風，另一方面則是當年海盜等入侵者眾多的時代所留下的印記。

北竿島的芹壁村以及南竿島的津沙村都保留了很多這樣的傳統家屋。這兩個村落以前是繁榮的漁村，但因為國共內戰導致人口減少的情況不斷惡化，家屋因而長年被棄置。

馬祖與金門不同，並未直接受到戰火侵襲，也就是說，馬祖雖是「戰地」，卻不曾淪為「戰場」，因此家屋免於受到破壞，在長期的軍事體制下，便成了三不管狀態。諷刺的是，因為人口外流，傳統家屋反而得以保存本來的樣貌。由於這種種因素，當地的家屋最終保留了原始形態。

造訪馬祖時，希望大家一定要前往芹壁這個聚落，散布在斜坡上的家屋群大半都沿襲了傳統閩東建築的樣式。聚落本身很小，可以徒步參觀，牆壁上刻有從前的反共標語也令人印象深刻。

除了導覽書上的介紹，筆者也推薦大家站在離芹壁聚落稍微有段距離的高地上拍照。尤其是傍晚時分，遠眺沐浴在陽光下閃閃發光的聚落，是會讓所有人都感動的光景。現在也有很多傳統建築改成了民宿，讓人想住上一晚，好好享受散步觀光的樂趣，而且空氣清新的早

北竿島芹壁村所保留的傳統家屋群，保存狀態良好。

晨也十分吸引人。

至於津沙則與芹壁不同，是直接面向海岸的聚落。這裡的傳統家屋也有改建為民宿的，修繕工事由政府主導，相關資訊可以到馬祖國家風景區觀光資訊網查詢。此外這裡還有提供給青少年的便宜住宿，不妨就試著細細品味馬祖的歷史建築之趣吧！

片倉佳史

**交通方式**

從臺北、臺中搭乘定期航班到北竿機場或南竿機場（僅由臺中出發）約需 50 分鐘，從機場搭乘公車 10 分鐘可抵達遊客中心。此外也有從基隆出發的定期船班，但全程要花上 8 個小時。

# 遇見「神話之鳥」

馬祖也以賞鳥的聖地而聞名。

每年五月到九月，會有叫做「燕鷗」的鷗科鳥類飛來馬祖繁殖。日本人所熟悉的黑尾鷗和燕鷗屬於同一科，此外還有紅燕鷗、蒼燕鷗、白眉燕鷗、鳳頭燕鷗等共六種燕鷗會來到馬祖。

其中，黑嘴端鳳頭燕鷗是數量不到一百隻的稀有物種，在愛鳥人士間有「神話之鳥」的稱號。這種鳥類被發現的時間可以追溯至一八六三年，當時所確認的數量只有五隻，而且之後有很長一段時間都未能再確認，因此一度被認定絕種了。但在二〇〇〇年，又發現了這種鳥棲息在馬祖，因而受到全世界鳥類觀察家的關注。

燕鷗都群集在北竿島附近的岩礁，至少有幾千隻那麼多，龐大的數量令人嘖嘖稱奇。黑嘴端鳳頭燕鷗的外型很獨特，白色的軀幹襯著黃色的鳥嘴，只有鳥嘴前端是黑色的，頭部羽毛則像龐克頭般倒豎著。這副模樣有時讓人覺得很可愛，有時又會給人精悍的印象。

若有機會在夏天造訪馬祖，請務必去賞鳥。關於當地鳥類觀察的旅行團，可以在馬祖國家風景區觀光資訊網上找到相關資訊。

（片倉佳史）

17

# 澎湖石滬群

符合 世界遺產登錄標準 1 5

世界上獨一無二、呈現完整心形的石滬群。
島民的智慧與用心令人感動。

面積 ▶ 141.052平方公里（包含岩礁）
東西 ▶ 約40公里
南北 ▶ 約60公里
標高 ▶ 79公尺
平均氣溫 ▶ 23°C
降雨量 ▶ 約1千公釐

Fishing is the main means of livelihood for most of the residents in Penghu. Thanks to the ocean current and the continental shelf, there are a diversity of marine animals around the islands. Locals even developed a special fish weir system built with stacked stones. Fish would enter the weir at full tide and become trapped when the tide is out and the stones are revealed. Then, a fisherman can easily catch the fish with a net or harpoon. These fish weirs are made of basalt and coral reefs, both of which are local materials. They look simple enough, but are actually the result of fishermen's wisdom as well as trial and error, and are much sturdier than they seem. Today, only 574 weirs are left, with eighty-eight concentrating on Jibei Island to the north of Penghu's main island. It is said to be the oldest fishing method in human history – the practice of catching fish with weirs can be traced back to the Neolithic period. Thus, the fish weirs in Penghu not only play a crucial role in the history of fishing in the archipelago, but are also a common heritage of the whole world.

## Penghu Stone Fish Weir

# 緬懷太古智慧的美麗石堤

**這項漁業遺產據說是人類最古老的捕魚法**

澎湖各島的居民都靠著漁業為生。在澎湖海域有從北側、南側以及西南側湧來的海流，且廣大的大陸棚發展良好，海鮮種類豐富，有不少是臺灣本島沒有的，也因此吸引了許多美食家造訪澎湖。

石滬是砌成石牆狀的捕魚陷阱，為澎湖漁業史中不可忽略的存在。迴游魚類在滿潮時會

大海從古至今都支撐著澎湖的生活。

順著游入石牆內，這時石牆雖然被海水淹沒，但退潮時就又露出海面，魚類也就出不去了，漁民便趁機用網子或魚叉來捕魚。

這樣的石牆是用玄武岩及珊瑚礁製成，充分利用了澎湖的地質特色，且石塊的縫隙間塞滿了小石子，比想像中還要堅固。雖然看起來是簡單的捕魚法，但其實是熟知迴游魚類的習性、不斷嘗試後才孕育出的細膩智慧。但近來其他捕魚法盛行，石滬的數量大幅減少，因而需要加以保護。

現在澎湖群島只剩下五七四個石滬，其中八十八個集中在澎湖本島北側的吉貝嶼。當然，在臺灣以外的地方也能看見類似的構造，像日本沖繩以及奄美地方的石滬就很知名，但吉貝的石滬密度是全世界最高的。

利用石滬捕魚的歷史可以追溯到新石器時

（上）早年的漁港一定會見到的景象，能夠感染到島嶼的活力。
（下）澎湖海域以豐富的海產聞名，海鮮料理讓人想一嚐為快。

代，據說這是人類最古老的捕魚法，堪稱全人類共有的歷史遺產。不過，石滬的數量年年都在減少，一旦毀壞便無法復原，就這層意義看來，可說符合了世界遺產登錄標準的第五項。

片倉佳史

（上）漁獲中有不少臺灣本島或日本看不到的種類。
（下）夕陽西下時的海灣景色。

**交通方式**

臺北及高雄的機場就有飛往澎湖馬公機場的航班（單程約 30 分鐘），此外高雄與馬公之間也有渡船（單程 6 ～ 10 小時）。
在吉貝碼頭的遊客中心還展示並介紹了石滬。吉貝嶼可說隨處都保留著石滬，不妨放慢腳步悠閒地參觀。

# 由悲情傳說所妝點的七美嶼奇岩

位在澎湖群島南端的七美嶼也保留了石滬，因而被整頓為觀光景點。若參加馬公的旅行社辦理的旅行團，從馬公搭船只要約一小時即可抵達。不僅美麗的大海值得大書特書，島上也處處展現出令人怦然心動的絕景。

七美這個地名來自一則悲傷的傳說。明朝時，席捲東亞海域的倭寇來到了這裡，那時有七名婦女認為與其受辱不如一死，於是投井自殺。據說之後她們的墓就長出了七棵樹。而那座墓被稱為「七美人塚」，也就是七美這個島名的由來。日治時代所設立的石碑至今仍保留著，成了許多觀光客造訪的景點。

「雙心石滬」則是七美的象徵，雖然是七美島僅有的一座石滬，但形狀很獨特，相當值得一看。其形狀是兩座石滬相連呈心形，所以不少蜜月旅行的夫婦都會來造訪。

此外，在造訪前也別忘了確認漲退潮的時間。退潮時整座石滬會浮出海面，可以走在石滬上，且高處也設置了瞭望台供登高望遠。

（片倉佳史）

18

# 蘭嶼聚落與自然景觀

# Orchid Island and The Tao (Yami)

符合世界遺產登錄標準 5 9

乘著黑潮而來的人類文化與蘭嶼耀眼的自然，
是臺灣自豪的唯一一個複合遺產潛力點。

**面積** ▶ 48.4平方公里
**東西** ▶ 約8公里
**南北** ▶ 約6公里
**標高** ▶ 548公尺
**平均氣溫** ▶ 22.6°C
**降雨量** ▶ 2751公釐

Orchid Island is an island off the southeastern coast of the main island of Taiwan. It was known as "Redhead Island" during Japanese rule before getting the present name in 1949. The island has a circumference of 38 kilometers with an area of 48.4 square kilometers. Surrounded by the azure sea and sparkling water, the small and rugged island developed a unique culture unlike any other. About ninety percent of the five thousand residents belong to the Tao people, whose ancestors came from the Batanes Archipelago in the Philippines and who speak an Austronesian language. The Tao people are distinct from the other Taiwanese indigenous peoples in that they don't have a chief or social classes (although they do recognize the status of the elders). What they have are partially underground dwellings that can still be seen in some of the villages, a religion based on the coexistence of human and nature, and the flying fish culture that features ipanitika, a type of traditional fishing boat. Both the landscape of the island and the customs of the Tao are treasures worthy of our protection.

# 達悟族的文化與熱帶樂園

## 風強雨驟的孤島

蘭嶼是位在臺灣東南方的孤島，日治時代叫做「紅頭嶼」，住在這裡的人則稱「Ponso No Tao」（人之島），直到一九四九年才改稱「蘭嶼」。

這座島被閃耀著湛藍色的大海所包圍，孕育出了其他地區沒有的獨特文化。島嶼的面積雖然僅有四十八．四平方公里，但地勢險峻，除了沿岸地帶，全島幾乎都呈現山岳地形，沿

對達悟族人來說，新船下水的儀式尤其重要。
男孩子從小就開始學習操作Tatara小船。

著海岸線有一條環島公路，繞一圈共三十八公里。

目前島上人口約有五千人，其中達悟（雅美）族就占了近九成。此外共有六個部落，分別是椰油、漁人、紅頭、朗島、東清和野銀。

蘭嶼全區都屬於熱帶氣候，年平均氣溫為二十二．六度，但日夜溫差很大，而且一年到頭都有雨，降雨的天數超過二百天，年雨量將近三千公釐。

若要說明這座島嶼的文化與景觀有什麼特色，就不能不提到「風」。在這裡風速達十公尺強的日子算一算一年有二五〇天，海風常年吹拂，也因此農業並不發達，家屋也形成了獨特的樣式，這一點後面會提到。此外沒有會傳播瘧疾的蚊子，與常有各種傳染病蔓延的臺灣本島大不相同。雖然曾經有恙蟲病的病例，但人們的死亡原因多是因為長期的感冒。

達悟族的傳統文化如今也迎來了劇烈的改革期。（片倉佳史收藏）

## 人們的生活與自然融為一體

達悟族在臺灣原住民中尤以其獨特文化而自豪，以下就介紹幾項他們的特色。

最引人注目的是沒有頭目的存在，也就是說，他們沒有擁有特定權力的族長，部落發生問題時是由長老們協商解決。同時，部落成員人人平等，財產歸屬於自然的神靈，由所有人共同管理。而且除了年齡以外，既沒有身分的區別，也沒有貧富的差距。

此外，有些老人到現在仍維持半裸，住在半地下式的傳統家屋。這樣的生活模式在年輕世代中已經被揚棄了，而不同部落的情況雖然各異，卻傳承了一項習俗，就是舉行祭典儀式時，男性的正式服裝是丁字褲，女性則會將植物纖維織成的布纏裹至膝上。

日治時代發行的明信片。（片倉佳史收藏）

被稱為「地下屋」的家屋是堆疊石牆砌成長方形的窪地，主屋則平行於海岸線。外觀上雖然只有屋頂凸出地面，卻是能避開颱風等強風襲擊的智慧。

家屋分為三個區域，分別是主屋、工作房與稱為「tagakal」的涼台。這裡是社交場所，也是休息的地方，還能用來躲避酷熱與強烈的日照。

達悟族的祖先是從菲律賓北部的巴丹群島渡海而來，語言屬於南島語系，與居住在臺灣本島的阿美族、卑南族、排灣族等族之間的語言幾乎看不出共通性，但是與菲律賓北部的伊萬特人間卻不需翻譯就能對談。

關於他們的宗教信仰，則是植基於與自然共存的想法，認為萬物都是神所賜與的恩惠，人們則每天享受著這些恩賜。

達悟族人會畏懼被稱為「anito」的死靈，認為如何面對 anito 是最重要的事，可以從中窺見許多禁忌，而死亡也是因為 anito 把人的靈魂帶走所導致的。

筆者曾聽聞，即便是遺族也不能去埋葬遺體的地方，不可以跨過人死去的地方。且傳說 anito 就棲息在山中，所以有一項禁忌是不可以靠近山岳。

## 靠著飛魚與芋頭過生活

飛魚叫做「alibangbang」，對達悟族來說非常重要，可說是上天的恩賜。飛魚的漁期是每年的三月到七月，只有男性會去捕魚。他們會乘坐被稱為「拼板舟」的船隻出海，這種船的外觀是以紅、白、黑色為基調的幾何圖案組成，讓人印象很深刻。捕飛魚對達悟族而言是一種儀式，也是團體活動的根基，捕獲的飛魚則會按照家族人數平均分配。

達悟族人的主食是芋頭類。栽種芋頭的工作由女性負責，她們會在島上各處的小河上游或灌溉水渠周邊栽種。在當地即便看見梯田，栽種的也多半是芋頭，而不會種稻。

達悟族在戰後因與漢人居民接觸，被收編入臺灣本島的經濟圈。尤其在一九八二年設置了低放射性核廢料貯存場，因而獲得補助，整建了生活環境與基礎設施，人們的生活也因此大受影響。

如今，未發展工業的蘭嶼對「觀光」產業寄予厚望，於二〇一四年開設了首間超商，也完成了機場擴建的工程，並穩定供給電力。

另一方面，如今只有野銀、朗島等部落保留了達悟族的傳統家屋。蘭嶼的文化景觀及達悟族人的風俗習慣符合世界遺產登錄標準的第五項，或許要去就要趁早。

片倉佳史

對達悟族來說，飛魚是很特別的魚，也是最重要的蛋白質來源，會在春天乘著黑潮而來。

### 交通方式

一般都是從臺東搭飛機前往蘭嶼。一天有6個航班，時間約需30分鐘。雖然也有船班，但經常停駛或延誤，所以不太推薦。此外，島上也沒有大眾交通工具可供旅客搭乘。

達悟族人的主食是芋頭，種芋頭是女性的工作。

# 邂逅夢幻蝴蝶

蘭嶼位在亞洲地區熱帶雨林的最北界，因此棲息著很多珍貴的動植物。就蝴蝶來說，臺灣本身便是全球矚目的「蝴蝶王國」，而在蘭嶼更能見到「珠光裳鳳蝶」，對喜愛蝴蝶的人來說，是嚮往憧憬的存在。

珠光裳鳳蝶屬於臺灣特有種，是張開翅膀會達到十二公分的大型蝴蝶。其翅膀前端是黑色，後端則是金色，且翅膀後端受到陽光照射後，依角度的不同會變化成翡翠綠或鈷藍色。珠光裳鳳蝶在空中飛舞的姿態很優美，甚至美到讓人屏息。

但可惜的是，這種珍貴的蝴蝶因為濫捕以及原生林的濫墾而瀕臨滅絕的危機。目前由蘭嶼鄉生態文化保育協會負責保護及復育，設置了保育區，種植珠光裳鳳蝶喜歡的樹木，每年的三到四月左右則是其出沒的旺季。

（片倉佳史）

後記

# 文化讓臺灣變得強大

我是在十幾年前第一次聽說臺灣的世界遺產潛力點。為了保護宜蘭縣棲蘭山的原生扁柏而努力不懈的成員們表示：「我們想將包含棲蘭山在內的幾個自然名勝登錄為世界遺產，所以才展開了這項行動。」然而臺灣並未加入聯合國，所以那時候我只是半信半疑地想著，這樣的運動真能開花結果嗎？

之後，臺灣政府開始邀請世界各國的專家進行商討，在二〇〇三年選定了包含棲蘭山在內的十二個潛力點。二〇〇六年時，臺南縣（現為臺南市）的負責人想將烏山頭水庫列為世界遺產潛力點而聯絡了日方，期望能獲得協助。許多日本人與臺灣人都因此參加了連署活動，促使烏山頭水庫與嘉南大圳最終在二〇〇九年和其他潛力點一起獲得行政院文化建設委員會（現為文化部）的認證。接獲這則喜訊之際，我切身感受到世界遺產潛力點的運動正穩健地一步步往前邁進。

剛好就在那段時期，我到屏東縣探訪日本技師鳥居信平於一九二三（大正十二）年建設的地下水庫「二峰圳」，留意到各地居民都慎重地守護著日治時代留下來的設施。雖說那已成為了臺灣歷史的一部分，但畢竟是日治時代的建設。我認為他們的行動是在「守護遺蹟」，並不像日本人「守護櫻花」那般簡單。

不僅如此，二〇一三年六月，在柬埔寨召開的聯合國教科文組織大會上，富士山被登錄為「文化遺產」時，和日本人一樣——不，甚至比日本人還高興的，就是臺灣的「多桑」，也就是那些在戰前接受日本教育、現今仍像使用母語般說著日語的人們。

他們笑容滿面地說：「對本來是日本人的我們來說，富士山是橫跨臺、日兩國的寶藏，再也沒有比這更讓人高興的事了。」他們都已經九十歲上下了，至今仍把日本當成「精神上的祖國」。另一方面，臺灣沒有任何一個世界遺產也是不可否認的事實。交織著這兩種感慨，我熱切地想幫忙推動臺灣的世界遺產潛力點運動，所以和有志人士在二〇一四年共同創立了「一般社團法人臺灣世界遺產登錄應援會」。

正如聯合國教科文組織的《世界遺產公約．前言》所揭櫫的精神，必須靠全世界的人來守護具有普世價值的人類瑰寶。既然這樣，應該也有一水之隔的我們能幫忙的事。

本書中介紹的十八個地方，雖然還處於臺灣「在地遺產」的階段，但終有一天會升格為「世界遺產」。儘管抵達終點的路還很漫長，但廣為號召國內外的支援、做好一切準備，其實非常重要。我們也和臺灣人有著相同的夢想，嚮往著未來。我認為這是日本人對「三一一東北大地震」時許多臺灣人對我們釋出的善意所激發的感謝之心。

如今，臺灣各地方政府也很積極地自我推銷，今後的潛力點想必會持續增加吧！畢竟臺灣的國情是多文化、多民族，可謂民俗學的寶庫，從特色「小吃」到各族群傳承下來的祭典及手工藝品，琳瑯滿目。而只要回想一下波濤洶湧的近現代史就會知道，有潛力成為世界記憶遺產的紀錄也很多。我希望能繼續大力支持在地的世界遺產潛力點運動，因為文化能讓臺灣強大起來。

編寫本書時，因為想傾全日本之力來介紹媲美世界遺產等級的臺灣，所以邀請了許多執筆者及攝影師共襄盛舉，為此，中華民國（臺灣）政府與各縣市的相關單位及眾多人士也給了我們很多幫助，在此衷心致上感謝。本書可說是基於臺日雙方的熱情而完成的。

平野久美子

臺灣的倡議

# 讓全世界共享臺灣的「文化瑰寶」

二〇〇二年，臺灣政府接受學者建議，決定積極推動參與世界遺產的工作，文化部（當時為文化建設委員會）隨即召開評選會，選出太魯閣國家公園等十一處世界遺產潛力點，其後又增加了玉山國家公園，成為十二處潛力點。此項工作後來因故暫停幾年。二〇〇九年文化部再度召集「世界遺產推動委員會」，將原「金門島與烈嶼」修正為「金馬戰地文化」，增列五處潛力點，臺灣世界遺產潛力點於是成為十七處十八點。二〇一〇年，為展現金門及馬祖兩地不同文化屬性特色，更能呈現地方特色及掌握世界遺產精神與普世價值，文建會再次召開會議，決議通過將「金馬戰地文化」修改為「金門戰地文化」及「馬祖戰地文化」，因此，目前臺灣世界遺產潛力點共計十八處。

因為關心，我和一些熱心的專家學者有機會從二〇〇二年起，就參與了臺灣推動世界遺產並選出潛力點的事宜，也在初期負責輔導一些潛力點。然而在此項工作推動過程中，也有不少人持有錯誤的觀念，以為成為「潛力點」後，在短時間就可以馬上躍升為「世界遺產」；其實任何一個國家的任何一處遺產倘若要成為世界遺產，都需要經過一段時間的準備，並經歷一個理性的過程。為此，臺灣政府開啟了推動工作，包括研習活動、推廣活動及參觀活動，同時也印製折頁、郵票，並拍攝影片來宣傳。此外，也邀請了各國專家進行演講，獎勵民間出版社出版介紹國外世界遺產的書、旅行社推出巡遊世界遺產之旅。我也企劃了好幾個國外世界遺產的觀摩旅行，帶了很多臺灣人前往學習。

推動世界遺產對臺灣文化教育及文化遺產保存維護是很有意義的事，因為這項活動不但可以做為臺灣民眾了解世界文明與文化的媒介，也可藉由認識國外的世界遺產做為臺灣文化遺產保存維護的借鏡，更可做為臺灣突破外交困境、參與國際文化事務的舞台與基礎，最後一點尤其重要。近年來，臺灣成功引進了聯合國教科文組織的文化遺產相關會議，我與一些學者也有機會在這些會議上參與演講與發表論文。因此，針對市民所舉行的學習場合，我們會仔細並耐心解說要走上實現世界遺產的道路非常艱險，一定要一步步地踩穩台階，持續努力才可能成功。

我認為，推動臺灣參與世界遺產是臺灣人的國際性責任，也是義務。因為聯合國教科文組織的世界遺產就像文明拼圖一樣，是全世界了解多樣文明、文化、歷史的工具。若缺少了臺灣，就是奪走了全世界知道多樣完整文化的一個機會。臺灣若能擁有世界遺產，將使臺灣的文化做為世界拼圖中的一塊而被嵌入整體中。我一直相信，不論要花多久的時間，都應該要努力去實現。過去，臺灣有些人覺得自己的文化與景觀是完全不可能被登錄在世界遺產中。但是輿論已經改變，有許多人深深覺得我們要去做能做且該做的事。針對登錄世界遺產一事，臺灣人民開始認知「不能放棄！」

在正常的情況下申請世界遺產都已不是容易的事，臺灣如果再把政治的因素考慮進去，那就又難上加難了。但卻不能因此放棄以世界遺產潛力點來讓全世界看見臺灣的機會。在目前，一方面每一個臺灣的世界遺產潛力點都可以依照世界遺產的標準進行指認、保存維護，即便臺灣幾年之內還無法真正加入世界遺產，卻可能創造出十八處世界級的遺產與國際接軌。二方面臺灣可以積極透過國際友人及組織，特別是世界性的扶輪社、獅子會與NPO團體，借助他們的力量，與國際社會一同推進這項有意義的運動、對外宣導，讓臺灣的世界遺產潛力點在世界發光發亮。

傅朝卿

**傅朝卿**

臺灣國立成功大學名譽教授。著名建築史與文化遺產學者。1979 年自國立成功大學建築學系畢業，1983 年獲得美國華盛頓大學建築碩士，1990 年獲得英國愛丁堡大學博士學位。1983 年起，調查研究臺灣近代建築歷史以及文化遺產保存將近 40 年，也經常帶領臺灣民眾到世界各地觀摩世界遺產。在研究成果上，發表了數百篇論文與 80 多本專書，近年最重要的著作為《圖說臺灣建築文化史》(2019)。

# 作者介紹

## 平野久美子 * 編著
出生於東京都，學習院大學文學部畢業。曾任日本文藝家協會會員、編輯，現為自由撰稿人。在學時就遍歷世界各地，發揮專注於亞洲的熱情，以亞洲與日本的關係性為主題寫作，並活用 20 多年來所累積的臺日人脈網絡而成為企劃主編。是臺灣茶與臺灣刨冰的熱情粉絲，同時是一般社團法人「臺灣世界遺產登錄應援會」的資深顧問。已出版中文著作有《多桑的櫻花》、《牡丹社事件 · 靈魂的去向：臺灣與日本雙方為和解做出的努力》，日文著作則有《テレサ · テンが見た夢華人歌妓伝説》、《台湾好吃大全》等。

## 平田勝政
出生於岡山縣，1988 年東京都立大學研究所人文科學研究科修畢。曾任長崎大學教育學研究所教授，專研日本殖民時代的漢生病政策。因為這項主題而開始往來臺灣，深受臺灣美食吸引。曾受到樂生療養院病友張文賓先生的關照，與他一起享用的牛肉麵及蒸菱角的滋味，實在令人難以忘懷。

## 片木裕一
出生於京都府，1978 年畢業於法政大學經營學部。自幼就喜愛鐵路，曾在生日當天得到「日光號」列車的模型玩具，因而開始著迷於製作鐵道模型。1996 年初次造訪臺灣，之後製作的模型便一律是「臺灣型」。每年都會在東京國際展示場擺設臺灣鐵路專區。已出版中文著作有《鐵路模型情景：空間規劃的訣竅與發想》，日文著作則有《鉄道模型レイアウト 55 のコツ》。

## 片倉佳史
出生於神奈川縣，1994 年畢業於早稻田大學教育學部。深受臺灣歷史與鄉土文化所吸引而移居臺北。採訪的領域十分多元，囊括地理、歷史、原住民文化與美食等。此外持續記錄日治時代遺留的古建物，並採訪耆老與二戰後被遣返回日本的長者。已出版中文著作有《臺灣風景印》、《臺灣土地 · 日本表情：日治時代遺蹟紀行》等，日文著作則有《古写真が語る台灣日本統治時代の 50 年》、《台灣に生きている日本》等。

## 神長幹雄
出生於東京都，1975 年畢業於信州大學人文學部。在學中的 2 年間曾休學前往北美。進入山與溪谷出版社就職後，歷任《山與溪谷》、《Skier》等雜誌編輯，1994 年 11 月至 1998 年 11 月擔任《山與溪谷》總編輯。探訪國外山岳、邊境地區的經驗豐富，且為日本山岳會會員，亦曾編輯多本山岳相關書籍。日文著作有《運命の雪稜》、《豊饒のとき》等。

## 齋藤毅
出生於臺灣新竹市，曾在臺北念幼稚園，並在就讀臺北師範學校附屬國民學校二年級時遇上戰爭結束，隔年被遣返日本。1962 年自東京大學法學部畢業後，任職於綜合機械製造廠。2007～2013 年擔任臺灣協會理事長，現為一般財團法人臺灣協會顧問、住友重機械工業股份有限公司社友。興趣為登山健行，除了日本國內，也會到國外的山岳健行，尤其喜歡臺灣的山。

## 迫田勝敏
出生於東京都，1965 年畢業於早稻田大學。新聞工作者，前《產經新聞》、《中日新聞》（《東京新聞》）記者。在臺北屆齡退休後曾轉任時事評論員，之後才正式退休。於淡江大學、開南大學擔任日語講師，並於 2010 年起再度任職於《中日新聞》，擔任臺北特派員。半個世紀前曾於臺灣大學遊學 1 年，記者生涯的最後一段歲月可說與臺灣有著奇蹟似的緣分。在臺時間已有 10 餘年。

## 青井哲人
出生於愛知縣，1992 年畢業於京都大學工學部建築學科，京都大學研究所工學研究科博士。現任明治大學理工學部副教授，專攻建築史、都市史。擁有臺灣妻子及學生，走跳臺灣城鄉 20 餘年，在臺灣認識到生於大地的人們的強韌與尊貴。已出版中文著作有《彰化一九〇六：一座城市被烙傷，而後自體再生的故事》，日文著作則有《植民地神社と帝国日本》等。

**古川勝三**
出生於愛媛縣，1967 年畢業於愛媛大學，之後於學校任教。自1980年起的三年間，在高雄的日僑學校任職，這段期間內亦獨自探索臺灣的歷史並指導學生。回國後出版《台湾を愛した日本人》一書，是日本初次引介八田與一。比起在日本學到的近現代史議題，更熱衷於臺灣的主題。興趣是駕駛快艇。已出版中文著作有《嘉南大圳之父：八田與一傳》。

**箕輪隆一**
出生於東京都，直到高中為止都生活在銀座，每天嚮往著大自然。1976 年畢業於明治大學農學部，曾以橫濱國立大學環境科學研究中心的研究生身分，參加全國植物生態調查。1980 年進入 PREC 研究所股份有限公司任職，主要從事保存植物的業務。對臺灣有著日本失去的自然，以及臺灣人愛護、自豪於本國文化深感尊敬。

## 採訪協助／資料提供

中華民國文化部文化資產局
中華民國交通部觀光局
臺北駐日經濟文化代表處臺灣文化中心
臺灣觀光協會
新北市政府文化局
臺南市政府文化局
臺東縣政府文化處
臺東縣政府觀光旅遊處
屏東縣文化資產保護所
屏東縣原住民文教協會
國立臺灣史前文化博物館
行政院衛生署樂生療養院
臺灣歷史資源經理學會
新北市立淡水古蹟博物館
臺北ナビ（http://www.taipeinavi.com/）
島根縣教育委員會
一般社團法人臺灣世界遺產登錄應援會
（http://www.wh-taiwan.com/）
PREC 研究所股份有限公司

王筠喬／朱文清／李宏旭／林思玲／林慧珠／林志達／施國隆／畢黎麗／郭俞廷／曾廣維／傅朝卿／簡莉雯／簡伯喻／廖文卿／廖康吾／劉瓊淋／ Pei-chun. A. Lan

伊崎力／小久保隆／佐古清隆／宗田昌人／辛正仁／杉尾伸太郎／細木仁美

## 照片提供

台北ナビ
片木裕一
片倉佳史
武井哲史
陳敏明
陳來福
中田浩資
西村貢
平野久美子
林思玲
林載爵
達志影像

Life & Leisure・優遊

# 臺灣的世界遺產潛力點

2022年4月初版　　定價：新臺幣380元

有著作權・翻印必究

Printed in Taiwan.

| | |
|---|---|
| 編著 | 平野久美子 |
| 譯者 | 楊玉鳳 |
| 中譯英譯者 | 羅亞琪 |
| 叢書主編 | 林芳瑜 |
| 特約編輯 | 東林 |
| 內文排版 | 鄭佳容 |
| 封面設計 | 兒日 |

| | |
|---|---|
| 出版者 | 聯經出版事業股份有限公司 |
| 地址 | 新北市汐止區大同路一段369號1樓 |
| 叢書主編電話 | (02)86925588轉5318 |
| 台北聯經書房 | 台北市新生南路三段94號 |
| 電話 | (02)23620308 |
| 台中分公司 | 台中市北區崇德路一段198號 |
| 暨門市電話 | (04)22312023 |
| 台中電子信箱 | e-mail：linking2@ms42.hinet.net |
| 郵政劃撥帳戶 | 第0100559-3號 |
| 郵撥電話 | (02)23620308 |
| 印刷者 | 文聯彩色製版有限公司 |
| 總經銷 | 聯合發行股份有限公司 |
| 發行所 | 新北市新店區寶橋路235巷6弄6號2樓 |
| 電話 | (02)29178022 |

| | |
|---|---|
| 副總編輯 | 陳逸華 |
| 總編輯 | 涂豐恩 |
| 總經理 | 陳芝宇 |
| 社長 | 羅國俊 |
| 發行人 | 林載爵 |

行政院新聞局出版事業登記證局版臺業字第0130號

本書如有缺頁，破損，倒裝請寄回台北聯經書房更換。　ISBN 978-957-08-6243-0 (平裝)

聯經網址：www.linkingbooks.com.tw

電子信箱：linking@udngroup.com

UNESCO BANGAICHI TAIWAN SEKAI ISANKYU ANNAI

BY Kumiko HIRANO

國家圖書館出版品預行編目資料

臺灣的世界遺產潛力點/平野久美子編著．楊玉鳳譯．初版．
新北市．聯經．2022年4月．176面．14.8×21公分（Life & Leisure·
優遊）
譯自：ユネスコ番外地 台湾世界遺産級案内
ISBN 978-957-08-6243-0（平裝）

1.CST：文化遺產 2. CST：自然景觀 3.CST：文化資產保存
4.CST：臺灣

733.6 111002953